Le journal de ma grossesse

Olivia Toja

ISBN 978-2-7540-2967-4
Dépôt légal : septembre 2011
Imprimé en Asie
Édition : Audrey Bernard
Mise en page intérieure : NPEG.FR
Mise en page couverture : Bérengère Renault
Illustrations : Nathalie Jomard

Éditions First-Gründ
60, rue Mazarine
75006 Paris - France
Tél. : 01 45 49 60 00
Fax : 01 45 49 60 01
e-mail : firstinfo@efirst.com

Site internet : www.editionsfirst.fr

Introduction

C'est une belle et grande aventure.

Parfois un conte de fées. Parfois un chemin de croix.

Des milliards de femmes l'ont vécue avant vous, des milliards vous succèderont. Et pourtant, cette grossesse, VOTRE grossesse est « extra-ordinaire ». Aussi exceptionnelle, originale et unique que le sera votre enfant. En gros, aussi merveilleuse que vous, que son papa et que votre union… (sortez les violons !)

En vivant pleinement chaque jour, vous aurez l'impression de graver tous ces instants précieux dans votre mémoire, de les sauvegarder à jamais dans votre disque dur mental mais… (soupir)… le temps efface même les meilleurs et les plus beaux souvenirs…

C'est pourquoi vous tenez entre vos mains ce *Journal de ma grossesse* !

Un vrai carnet de route, un compagnon de voyage, un allié au quotidien.

En prenant des notes, en griffonnant des idées, en consignant les questions ultra-importantes à ne pas oublier… vous vous constituerez un album souvenir qui ne vous quittera pas pendant 9 mois et que vous retrouverez avec plaisir au fil des années.

Vous y trouverez aussi des conseils et des informations pratiques qu'il est toujours bon d'avoir sous le coude…

Chaque grossesse est unique. La vôtre est la plus belle… et à défaut d'en faire un roman, faites-en un joli livre souvenir !

PETIT MÉMENTO pour ne rien oublier du tout

	Examens médicaux	Ce qu'il ne faut pas oublier
1er et 2e mois (si vous êtes au courant !)	> 1re consultation prénatale obligatoire. > La première visite médicale doit avoir lieu au premier trimestre (avant la 15e SA)* *voir page 16* > S'il ne s'agit pas de votre médecin habituel, il établira un dossier complet sur vous (antécédents médicaux, familiaux, etc.) ainsi qu'un bilan général de votre santé. Il effectuera également un frottis si nécessaire. > Labo : Analyses de sang : Double détermination du groupe sanguin, numération (formule sanguine et plaquettes), sérologie toxoplasmose et rubéole, HIV, syphilis et hépatite C. Analyses d'urines (albuminurie et glycosurie). > Si vous avez plus de 35 ans, possibilité d'effectuer une biopsie du trophoblaste entre les 9e et 13e SA. > 1re échographie à effectuer entre les 11e et 13e SA.	> Si vous habitez dans une grande ville, inscrivez-vous tout de suite auprès de la maternité. > Mode de garde : à Paris et en région parisienne, renseignez-vous très vite pour l'obtention d'une place en crèche. > Dans les grandes villes, renseignez-vous auprès des maternités pour savoir quand s'inscrire. > Renvoyez votre déclaration de grossesse à la Sécurité sociale et à la Caisse d'allocations familiales. > Si vous n'êtes pas mariée, le futur papa peut effectuer une reconnaissance anticipée de son enfant auprès des services de l'état civil.
3e mois	> Si vous avez plus de 38 ans, possibilité de réaliser une amniocentèse à partir de la 13e SA. > Pensez à prendre rendez-vous chez votre dentiste !	> Prévenez votre employeur. > Après la 1re consultation obligatoire, renvoyez le 1er feuillet du carnet de maternité à la Sécurité sociale et son duplicata à la CAF.
4e mois	> 2e consultation prénatale obligatoire. > Analyses de sang : – Toxoplasmose pour les mamans non immunisées. – Agglutinines irrégulières pour les mamans de rhésus négatif. Si vous êtes concernée, l'examen sera à renouveler tous les mois. > Analyse d'urine (albuminurie et glycosurie). > Tri-test : dépistage sérique de la trisomie 21. Il n'est pas obligatoire mais vous sera proposé systématiquement.	> 2e feuillet du carnet de maternité à renvoyer à la Sécurité sociale et duplicata à la CAF.

	Examens médicaux	Ce qu'il ne faut pas oublier
5e mois	> 3e consultation prénatale obligatoire. > 2e échographie, dite « morphologique ». Vous pouvez connaître le sexe de l'enfant ! > Analyses de sang. > Analyse d'urine (albuminurie et glycosurie).	> 3e feuillet du carnet de maternité à renvoyer à la Sécurité sociale et duplicata à la CAF. > Renseignez-vous sur les séances de préparation à l'accouchement : inscrivez-vous, il faut souvent s'y prendre à l'avance.
6e mois	> 4e consultation prénatale obligatoire. > Analyse de sang mensuelle à laquelle s'ajoute la sérologie de l'hépatite B. > Analyse d'urine (albuminurie et glycosurie).	> 4e feuillet du carnet de maternité à renvoyer à la Sécurité sociale et duplicata à la CAF. > Avez-vous trouvé un mode de garde pour votre enfant ? C'est le moment de vous en préoccuper.
7e mois	> 5e consultation prénatale obligatoire. > Analyses de sang. > Analyse d'urine (albuminurie et glycosurie).	> 5e feuillet du carnet de maternité à renvoyer à la Sécurité sociale et duplicata à la CAF. > Et si on commençait à remplir la valise de la maternité et à décorer la chambre de bébé ?
8e mois	> 6e consultation prénatale obligatoire. > 3e échographie. > Analyses de sang. > Analyse d'urine (albuminurie et glycosurie).	> 6e feuillet du carnet de maternité à renvoyer à la Sécurité sociale et duplicata à la CAF. > Envoyez votre attestation d'arrêt de travail à la Sécurité sociale.
9e mois	> 7e consultation prénatale obligatoire. > Analyses de sang. > Analyse d'urine (albuminurie et glycosurie). > Consultation obligatoire avec un anesthésiste (même si vous ne souhaitez pas de péridurale, il faut envisager un éventuel accouchement en urgence par césarienne). > Radiographie du bassin (si le médecin veut vérifier que l'accouchement par voie basse est possible). > En cas de dépassement du terme, amnioscopie (prélèvement du liquide amniotique pour détecter la souffrance fœtale).	> 7e feuillet du carnet de maternité à renvoyer à la Sécurité sociale et duplicata à la CAF.

(Collez ici une photo de votre ventre. Essayez de prendre le cliché toujours au même endroit, avec les mêmes vêtements et le même éclairage… l'effet « poussée de bidon » sera plus saisissant !)

1er mois

On joue au papa et à la maman ?

« Comme nos voix ba da ba da da ba da ba da
Nos cœurs y croient ba da ba da da ba da ba da
Encore une fois ba da ba da da ba da ba da
Tout recommence, la vie repart
(...)
C'est une longue histoire
Un homme
Une femme
Ont forgé la trame du hasard. »

(*Un homme et une femme*. Barouh/Lay, 1966)

Papa

Photo

Nom : ....

Prénom : ....

Âge au moment de la grossesse : ....

Activités préférées (il faut en profiter pendant quelques mois encore !) : ....

....

Voudrait être un papa ☐ tendresse ☐ joueur ☐ modèle

Maman

Photo

Nom : ....

Prénom : ....

Âge au moment de la grossesse : ....

Activités préférées (ça va sûrement changer...) : ....

....

Voudrait être une maman ☐ câline ☐ shiva ☐ cool

Bébé

Après ...... ans/mois d'amour, tu as décidé de nous faire la démonstration du théorème 1+1 = 3...

☐ C'était une surprise ! ☐ C'est arrivé au bon moment !

☐ Nous t'avons attendu longtemps...

« Mes frères et mes sœurs, oh oh, ce serait le bonheur... »

Ce bébé est le premier de la famille...

Collez ci-dessous une photo de vous deux.

Dans la famille, il y a déjà des frères et sœurs !

Collez ci-dessous une photo de la famille au complet.

L'aîné s'appelle ....

Il/Elle aura .... ans au moment de ta naissance.

Le cadet s'appelle ....

Il/Elle aura .... ans au moment de ta naissance.

Le benjamin s'appelle ....

Il/Elle aura .... ans au moment de ta naissance.

Continuez la liste :

....

....

Photo de famille avant l'arrivée de Bébé

3e SA / 1re SG

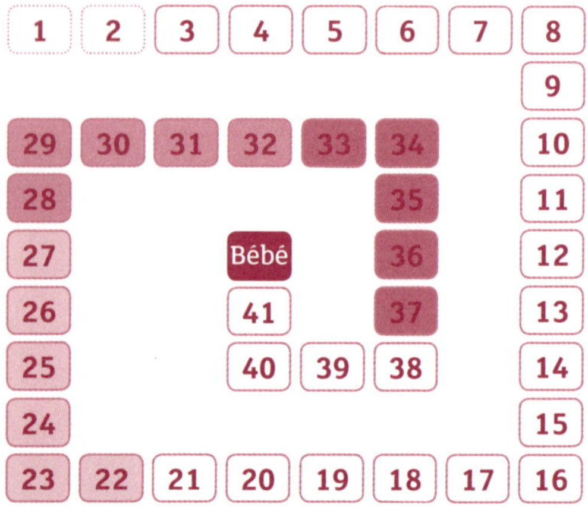

Comment utiliser votre « Jeu de l'oie »

Cochez/coloriez/raturez la case de la semaine pour mieux visualiser votre progression.

Vos repères :

Semaines 22 à 27 SA : très grande prématurité

Semaines 28 à 32 SA : grande prématurité

Semaines 33 à 37 SA : prématurité

LES AVENTURES DE MON BÉBÉ, CETTE SEMAINE.

L'ovule fécondé par un spermatozoïde se divise en deux, et encore en deux, puis en de nombreuses cellules. Il devient un œuf et parcourt le chemin qui va des trompes à l'utérus (entre le 3e et le 6e jour après la fécondation).

Pendant tout ce trajet, il envoie des messages hormonaux aux organes reproducteurs, dont celui-ci : « Ne provoquez pas les règles, je ne veux pas être expulsé ! ».

Au 7e jour après la fécondation, c'est la « nidation » : l'œuf s'installe au creux de la muqueuse de l'utérus et va commencer à construire le petit nid douillet qui l'hébergera pendant plusieurs mois.

Semaine 3 (3e SA)

Je pèse : kg

Mes sensations :

J'aime :

Je n'aime pas :

J'ai envie de :

Je n'ai pas envie de :

Et le papa, il fait quoi / il en pense quoi ?

L'anecdote de la semaine :

C'est positif !

Dire qu'un petit bout de plastique va vous apprendre une des plus grandes nouvelles de votre vie !

Le test du « pipi » (de 7 à 20 €* en pharmacie et parapharmacie. Non remboursé par la Sécurité sociale.)

Dès les premiers jours de grossesse, l'œuf et le placenta sécrètent une hormone indispensable au bon déroulement de la grossesse : la bêta-hCG (b-hCG, hormone chorionique gonadotrophine). Elle est rapidement décelable dans les urines.

Le test sanguin (environ 20 €*. Remboursé sur prescription médicale.)

Une simple prise de sang permet d'évaluer très précisément le taux de l'hormone de grossesse et donc la date de la fécondation.

Le vrai/faux

Je peux être enceinte et le test dire « Négatif ».
Vrai et faux. Cela dépend de la date à laquelle vous pratiquez le test. Aujourd'hui, certains tests revendiquent une capacité de détection jusqu'à 4 jours avant la date présumée des règles. Si le test est négatif, mais que le doute persiste, vous pouvez recommencer l'opération quelques jours plus tard.

Il vaut mieux faire le test le matin, à jeun.
Faux. Aujourd'hui, les tests sont beaucoup plus efficaces qu'auparavant et on n'a plus besoin des urines plus concentrées du matin. Être à jeun ne change rien à la présence de la b-hCG dans les urines.

Le test le plus fiable est le test sanguin.
Vrai. Avec lui, aucun doute possible, fiabilité 100 %. Même si les tests urinaires « nouvelle génération » promettent de dater la grossesse, seul le test sanguin permet un dosage précis permettant de dire à quelle date vous êtes tombée enceinte.

*prix donnés à titre indicatif.

Il y a un « avant » et un « après » le test...

Peut-être en avez-vous déjà fait plusieurs dans votre vie (pour vous rassurer dans l'angoisse d'un « accident » ou parce que vous aviez espoir qu'il soit positif...). Peut-être est-ce le premier...
Dans tous les cas, utiliser un test de grossesse n'est jamais anodin : un petit trait bleu qui apparaît et la vie peut basculer...

Les circonstances de ce test :

- ☐ Très vite, pour être sûre
- ☐ Après plusieurs jours sans y penser
- ☐ Il n'y avait déjà presque plus de doute possible...

Racontez...

....

....

....

Positif ! À qui en avez-vous parlé en premier ?

....

Quels ont été vos sentiments ?

- ☐ Le sol s'est ouvert sous mes pieds.
- ☐ J'ai pleuré (de joie ; ou pas).
- ☐ J'ai pensé « j'en prends pour 20 ans ! ».

Qu'avez-vous fait du test ?

- ☐ Je l'ai jeté ! Quelle question !
- ☐ Je l'ai gardé toute la journée, pour vérifier toutes les 5 mn environ que j'avais bien vu.
- ☐ Je l'ai gardé dans ma boîte à secrets (ok, c'est beurk. Mais c'est un beau souvenir !).

4e SA / 2e SG

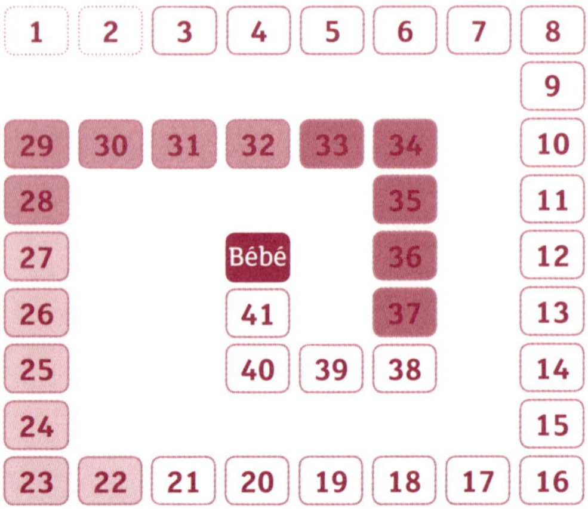

Quoi, déjà une semaine de passée ?

LES AVENTURES DE MON BÉBÉ, CETTE SEMAINE.

L'œuf est bien installé dans sa couchette douillette : il va s'y enfoncer et commencer à construire sa cabane. Les cellules externes de l'œuf et celles de la muqueuse entament leurs échanges : c'est le début du placenta (organe qui se développe pour servir d'intermédiaire entre la mère et l'enfant).

Les cellules de l'œuf continuent à se multiplier et à se différencier : elles sont maintenant disposées en deux couches qui seront à l'origine de tous les organes et de tous les tissus du futur bébé.

Le cordon ombilical s'ébauche ainsi que la cavité amniotique (la future « poche des eaux »).

Votre bébé mesure 0,2 mm. Et vous êtes déjà super fière de lui…

Semaine 4 (4e SA)

Je pèse : kg

Mes sensations :

J'aime :

Je n'aime pas :

J'ai envie de :

Je n'ai pas envie de :

Et le papa, il fait quoi / il en pense quoi ?

L'anecdote de la semaine :

SA, SG... J'apprends à compter !

Parce qu'avoir un enfant, c'est aussi une affaire de mathématiques, avec des calculs savants que votre quotient intellectuel (amoindri par la révolution hormonale que vous vivez) aura du mal à suivre...

Semaines d'aménorrhée / Semaines de grossesse

Tenez-le vous pour dit, à partir de maintenant, vous allez compter en semaines. Les médecins veulent de la précision !
Pour les autres, ceux qui ne vivent pas cette « expérience merveilleuse » de l'intérieur, contentez-vous de donner de vagues approximations exprimées en mois, afin de leur indiquer s'ils peuvent attendre encore un peu pour acheter la layette ou s'ils doivent se mettre au tricot illico.

Les semaines d'aménorrhée (SA) correspondent aux semaines écoulées depuis la date de début de vos dernières règles, seule date dont on puisse être absolument sûr.
Les semaines de grossesse (SG) correspondent aux semaines écoulées depuis la date de la fécondation, soit 2 semaines après la date des dernières règles. Ce qui nous donne une équation savante : SA = SG +2

Votre grossesse comptera normalement 41 SA et 39 SG.

Évidemment, vous ne répondrez pas au fameux « Vous en êtes à combien ? » par « Ohhhh, j'en suis entre la 25e et la 26e SA, 3 heures et 42 minutes... ». Voici de quoi se repérer :

Fin du 1er mois de grossesse	6 SA et 2 jours
Fin du 2e mois de grossesse	10 et 1/2 SA
Fin du 3e mois de grossesse	15 SA
Fin du 4e mois de grossesse	19 SA
Fin du 5e mois de grossesse	23 SA
Fin du 6e mois de grossesse	28 SA
Fin du 7e mois de grossesse	32 et 1/2 SA
Fin du 8e mois de grossesse	36 SA et 5 jours
Fin du 9e mois de grossesse	41 SA

Aloooooors, c'est pour quand ???

Une des phrases qui va faire partie du Top 5 de celles que vous allez entendre pendant 9 mois (après « Et c'est quoi ? », « Y'en a deux ? », « Il est content, le papa ? » et « Vous allez l'appeler comment ? »).
Parce que TOUT LE MONDE est très intéressé par la date de votre délivrance. Comme si la vie de TOUT LE MONDE allait en être bouleversé (merci, les gens, de tant de compassion).

Donc, jusqu'au dernier moment, vous allez répéter :
« C'est pour .... »
(notez la date officielle prévue de votre accouchement)

Ça tombe pile...

- ☐ pendant les vacances
- ☐ au moment du mariage de ma cousine (vous serez déguisée en baleine, même si ce n'est pas le thème de la soirée)
- ☐ pour mon anniversaire (quel beau cadeau !)
- ☐ ....

Ce sera donc un bébé...

- ☐ rayonnant comme l'été
- ☐ doux comme l'automne
- ☐ vif comme l'hiver
- ☐ gai comme le printemps

9 mois plus tard...

Notez la date réelle de la naissance de votre enfant : ....
Son signe astrologique : ....

Il était pressé : il est né avec ...... jours / semaines d'avance sur la date prévue.

Il était très bien niché en vous : il est né avec ...... jours de retard sur la date prévue.

5e SA / 3e SG

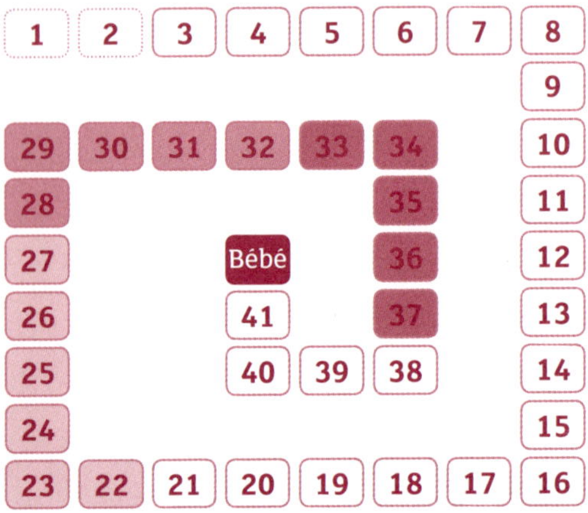

Une nouvelle semaine, je commence à y croire.

LES AVENTURES DE MON BÉBÉ, CETTE SEMAINE.

Les cellules se multiplient à une allure folle, elles s'organisent, se mettent en place comme de bons petits soldats : l'œuf est maintenant un disque embryonnaire, formé de 3 couches. La couche externe s'épaissit et forme une sorte de gouttière dont une extrémité est plus large : c'est la future boîte crânienne et la forme primitive du cerveau. Cette couche externe sera aussi à l'origine de la peau et de la mise en place des organes des sens.

La couche du milieu contient l'ébauche du squelette, des muscles, des reins et du système circulatoire.

La couche interne développera le système digestif.

Deux tubes s'ébauchent pour devenir le cœur : il bat déjà !

La vie que vous abritez mesure déjà 1,5 mm.

Semaine 5 (5e SA)

Je pèse : kg

Mes sensations :

J'aime :

Je n'aime pas :

J'ai envie de :

Je n'ai pas envie de :

Et le papa, il fait quoi / il en pense quoi ?

L'anecdote de la semaine :

Non merci, j'ai arrêté !

Pour faire le grand saut et passer « du côté des mamans », vous allez entamer un long chemin de croix... semé d'épreuves et de privations.

L'alcool

La campagne « Zéro alcool pendant la grossesse » clarifie toutes les incertitudes : enceinte, on ne boit pas du tout. Nothing. Nada. Rien. Facile ! On sabrera le champagne après la naissance !

Le tabac

Idem. La consommation de tabac a des répercussions sur le développement du fœtus (risques accrus de fausse couche, d'accouchement prématuré et de syndrome de mort subite du nourrisson, retard de croissance, etc.). Si vous êtes fumeuse, demandez conseil à votre médecin : une méthode de substitution (patchs) est préférable à la fumée de cigarette.

Thé, café et autres excitants

Trop de caféine peut avoir des conséquences sur la taille du fœtus : on limite cafés et sodas au cola. Le thé contient des tanins qui réduisent l'absorption du fer : on n'en abuse pas non plus.

Les aliments crus

Listeria, toxoplasmose, bactéries en tout genre... peuvent être très dangereuses. Pour éviter les risques, il est conseillé d'éviter les fromages au lait cru et ceux à pâte molle, ainsi que le râpé en sachet. De même pour les coquillages crus, surimi, produits traiteur (foie gras) et charcuterie. La viande de bœuf, le mouton et le porc sont à consommer très cuits.

Autres aliments à éviter

Le thon frais, l'espadon et le requin peuvent être consommés, mais pas plus d'une fois par semaine, car ils peuvent contenir du mercure. Il ne faut pas non plus abuser du foie pour sa forte concentration en vitamine A.

L'automédication

Enceinte, il faut être très prudente : avant de prendre un quelconque traitement, demandez l'avis de votre médecin.

Mes bonnes résolutions

Enceinte, pas question d'oublier ses promesses, il va falloir s'y tenir pendant 9 mois ! Vie saine obligatoire ! Après, vous aurez tout le temps de faire la java (enfin, vous serez tellement crevée que cela ne vous effleurera plus l'esprit pendant de longs mois).

Cochez les résolutions que vous allez tenir !

- ☐ Je bois du jus de tomate, de l'eau pétillante, du jus de fruits – sans excès, c'est plein de sucre ! – quand les autres prennent l'apéro. J'évite les sodas contenant des excitants.
- ☐ Je ne me jette ni sur les cacahuètes (risques d'allergie), ni sur le saucisson (trop gras), ni sur les bâtonnets de carotte (sauf si c'est moi qui les ai lavés). Pendant que les autres grignotent, je médite/ je recompte les jours qui me restent à attendre/je cherche un prénom... enfin, je pense à autre chose.
- ☐ Je bois de l'eau (notamment de l'Hépar®, riche en magnésium, si je suis constipée), des tisanes, des infusions... ou du déca !
- ☐ J'écrase ma dernière cigarette. Je demande poliment aux fumeurs d'aller voir plus loin si j'y suis.
- ☐ Je retire la croûte du fromage. D'ailleurs, je ne mange plus que des fromages *safe* (sans goût et sans odeur, au lait pasteurisé... mais pleins de calcium !).
- ☐ Je lave très soigneusement mes fruits et légumes.
- ☐ Je ne me ressers pas (je n'ai pas besoin de doubler mes rations alimentaires).
- ☐ Je remets mon envie de steak tartare à plus tard. Au contraire, je fais bien cuire ma viande.
- ☐ Ma cuisine est aussi clean qu'un laboratoire : je désinfecte le plan de travail, les ustensiles (couteaux notamment), je nettoie régulièrement mon frigo à fond... et je me lave les mains très souvent.
- ☐ Pendant les fêtes, je demande un menu spécial. Ma part de foie gras et de saumon fumé, ce sera pour l'année prochaine !

6e SA / 4e SG

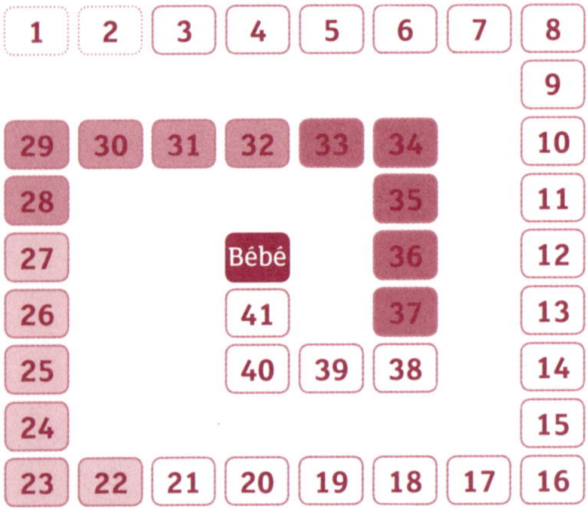

Déjà 4 semaines que je couve mon petit secret…

LES AVENTURES DE MON BÉBÉ, CETTE SEMAINE.

Et voilà que les organes commencent à prendre forme (les bras d'abord). Les organes s'ébauchent. Sous vos applaudissements !

Vous voilà face au fameux « petit haricot » : si vous passez une échographie précoce, vous verrez le tube qui s'était formé se dessiner plus nettement avec un sommet (la tête) et une queue bien différenciés.

Votre bébé flotte dans la cavité amniotique qui s'élargit progressivement.

Le système cardiaque se met en place et la circulation sanguine commence. Les échanges avec la mère s'organisent grâce au cordon ombilical.

La croissance est rapide : il mesure 5 mm.

ET VOUS, ÇA VA SINON ?

C'est la révolution hormonale ! Tout votre corps est imprégné. Presqu'à la manière d'un gyrophare, vous clignotez : « je suis enceinte, je suis enceinte ! »

Votre utérus passe de la taille d'une figue à celle d'une mandarine.

Vos seins sont tendus et douloureux.

Semaine 6 (6e SA)

Je pèse : kg

Mes sensations :

J'aime :

Je n'aime pas :

J'ai envie de :

Je n'ai pas envie de :

Et le papa, il fait quoi / il en pense quoi ?

L'anecdote de la semaine :

Les questions que je veux poser au gynécologue / à la sage-femme

Mon examen médical

Poids (officiel) : ....

Tension artérielle : ....

Hauteur utérine : ....

Fermeture du col : ....

Remarques du médecin

....

....

....

....

....

Examens complémentaires à effectuer

....

....

....

....

....

Traitement

....

....

....

....

....

(Collez ici une photo de votre ventre. Essayez de prendre le cliché toujours au même endroit, avec les mêmes vêtements et le même éclairage… l'effet « poussée de bidon » sera plus saisissant !)

2e mois

7e SA / 5e SG

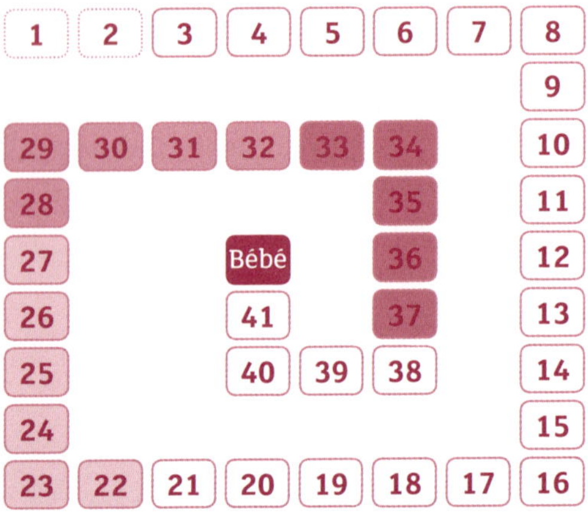

7 sur 41, le chemin est encore très long...

LES AVENTURES DE MON BÉBÉ, CETTE SEMAINE.

Le cœur se développe vitesse grand V ! Comme le corps ne peut le contenir, il forme une bosse dans lequel on peut voir le muscle cardiaque battre à un rythme effréné (deux fois plus vite que le vôtre).

À l'échographie doppler, on entend un bruit du tonnerre !

La tête grossit beaucoup et reste fléchie vers le thorax.

Tous les organes qui étaient ébauchés poursuivent leur développement.

C'est au tour du visage de commencer à se former : les mâchoires se dessinent. Le nez et les yeux prennent place.

L'embryon mesure de 5 à 7 mm.

Semaine 7 (7e SA)

Je pèse : kg

Mes sensations :

J'aime :

Je n'aime pas :

J'ai envie de :

Je n'ai pas envie de :

Et le papa, il fait quoi / il en pense quoi ?

L'anecdote de la semaine :

J'ai une grande nouvelle !

Comment avez-vous informé le monde entier de ce scoop énooooorme ?

L'annonce au papa

- ☐ Dix secondes après le test. Impossible de garder ça pour soi !
- ☐ Par SMS. Vous êtes moderne !
- ☐ Par un cadeau symbolique pour le lui faire comprendre.

Racontez : ....

....

....

L'annonce aux parents

- ☐ Au cours d'un repas familial.
- ☐ En les appelant Papy et Mamy.
- ☐ En leur offrant le guide *Grands parents débutants* de Caroline Cotinaud.

Racontez : ....

....

....

L'annonce aux amis

- ☐ Vous avez organisé une fête.
- ☐ En leur envoyant par mail l'image de l'échographie.
- ☐ En offrant de la laine : « le premier qui tricote des chaussons a gagné ! »

Racontez : ....

....

....

L'annonce au boulot :

- ☐ Tout naturellement, votre patron avait repéré la chose.
- ☐ Vous avez demandé un entretien avec le boss.
- ☐ Par lettre recommandée. Vous êtes prudente.

Racontez : ....

....

....

Elles témoignent :

Sophie (maman de Lisa) :

« Au bureau, j'ai fait une bourde. Le vendredi soir, j'ai oublié mes papiers de grossesse dans la photocopieuse. Le lundi matin, tout le monde était au courant ! »

Virginie (maman de Virgile et Armand) :

« Mon mari travaillait dans la restauration et rentrait au milieu de la nuit. J'avais dispersé des jouets, des peluches et des tétines dans le couloir. Il a bien compris le message en se cognant sur un culbuto… »

Pauline (maman de Loretta et Paul) :

« Pour Paul, je lui ai mis une couche dans son sac de sport, avec un petit mot : Bientôt, il faudra prendre le sac à langer… ! »

Marlène (maman de Kim) :

« J'ai fait une présentation Powerpoint avec des symboles de notre couple. La dernière diapositive disait que nous allions avoir un bébé. J'en ai reparlé au papa récemment… il ne s'en souvenait plus ! Comme quoi, ça ne sert à rien de faire des efforts ! »

Émilie (maman de Victor) :

« Je lui ai envoyé le test en Chronopost, au bureau. Il est rentré très tôt ce jour-là ! »

Pascale (maman de Florian et Valentin) :

« C'est mon mari qui m'a annoncé que j'étais enceinte ! C'est lui qui est allé chercher les résultats au laboratoire pendant que moi, j'étais à un concert avec une copine ! »

Caroline (maman de Julia et de Noé) :

« Pour Julia, on a ouvert l'enveloppe ensemble. On était au café, juste à côté du laboratoire d'analyses. Nous sommes restés sans parler, en se tenant la main, pendant un long moment… C'est un souvenir très émouvant. »

8e SA / 6e SG

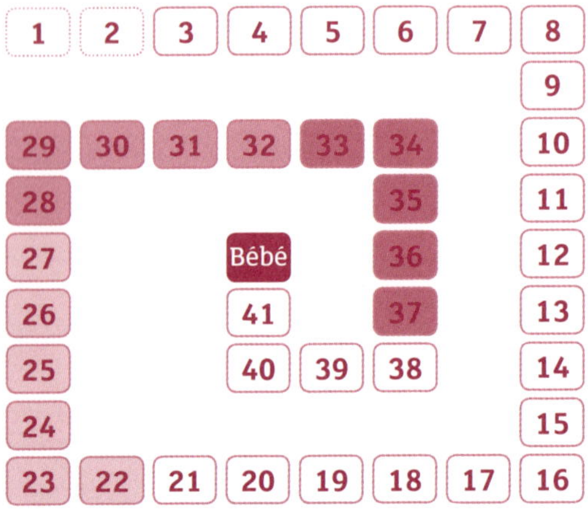

On avance, case par case...

LES AVENTURES DE MON BÉBÉ, CETTE SEMAINE.

Mais que cette tête est grosse et lourde ! Elle représente presque la moitié du corps (et non, n'y voyez pas un signe particulier d'intelligence...). Elle est toujours fléchie, ce qui conserve à l'embryon son côté « haricot » caractéristique.

La bouche, le nez, le bourgeon de la langue, les oreilles, le nerf optique se développent.

Les membres continuent leur formation : au bout, commencent à se former des mains et des pieds. Vous m'en mettrez deux de chaque, merci !

Les organes sexuels se pré-forment (mais on ne voit rien dépasser).

L'épiderme et le derme se mettent en place : la peau s'épaissit.

Oh ! Il bouge ! Mais ce sont des mouvements involontaires.

Votre bébé mesure de 10 à 14 mm et pèse 1,5 g (si vous avez déjà pris du poids, ce n'est pas de sa faute).

Semaine 8 (8e SA)

Je pèse : kg

Mes sensations :

J'aime :

Je n'aime pas :

J'ai envie de :

Je n'ai pas envie de :

Et le papa, il fait quoi / il en pense quoi ?

L'anecdote de la semaine :

Les petits désagréments

Il y a celles qui vous diront : « Moi, j'ai eu une grossesse idyllique. C'était un moment merveilleux, 9 mois enchantés. » Vous pouvez d'ores et déjà les rayer de votre liste d'amis, ce sont des menteuses. Parce que, il faut l'avouer, même si la grossesse n'est pas un film gore, ce n'est pas non plus un conte de fées.

Cochez les cases des petits tracas auxquels vous aurez goûté :

☐ **Nausées**

Les nausées sont dues à l'imprégnation progressive du corps par les hormones de grossesse. Vous y échapperez peut-être, mais en général elles surviennent du 2e mois à la fin du 3e avec plus ou moins d'intensité. Votre médecin pourra vous prescrire un traitement afin de les minimiser.

Astuces :

> Fractionner les repas.

> Manger un petit quelque chose avant de poser le pied par terre au réveil.

> Boire du soda bien frais (avec modération).

Mon échelle de Richter (Placez le curseur au niveau de votre ressenti !)

0 1 2 3 4 5 6 7 8 9 10

☐ **Brûlures, reflux et autres festivités**

Le reflux œsophagien survient le plus souvent en fin de grossesse : le fœtus appuie sur l'estomac et le comprime, occasionnant des brûlures désagréables.

Astuces :

> Faites des repas légers.

> Évitez les aliments qui fermentent (choux notamment), acides ou épicés.

> Ne dormez pas à plat : ajoutez un oreiller pour avoir le buste surélevé.

> Ne vous couchez pas tout de suite après un repas.

Mon échelle de Richter

0 1 2 3 4 5 6 7 8 9 10

☐ Zzzzz... Fatigue chronique

Celle du premier trimestre (révolution hormonale qui bouleverse le corps), celle du troisième trimestre (prise de poids, difficulté à s'endormir ou à passer une nuit complète) et ensuite celle de l'accouchement, puis des semaines/mois où bébé ne fera pas ses nuits... Eh oui ! (soupir)

Mon échelle de Richter

0 1 2 3 4 5 6 7 8 9 10

☐ La vessie en folie

Pipiiiiii ! Au début à cause des hormones, à la fin, à cause de la pression de l'utérus sur la vessie.

Mon échelle de Richter

0 1 2 3 4 5 6 7 8 9 10

☐ Les jambes en poteau

La forte production d'hormones dilatent les veines, gênent ainsi la circulation sanguine et provoquent un inconfort, voire des douleurs. Les œdèmes sont à surveiller.

Astuce :

> En position allongée, surélevez vos jambes.

Mon échelle de Richter

0 1 2 3 4 5 6 7 8 9 10

☐ La grève des sphincters

Les hormones de la grossesse empêchent les contractions musculaires (pour préserver l'utérus) au détriment de la digestion !

Astuces :

> + de fibres, + d'eau, + de sport.
> Votre médecin pourra vous donner un traitement adapté, le cas échéant.

Mon échelle de Richter

0 1 2 3 4 5 6 7 8 9 10

9e SA / 7e SG

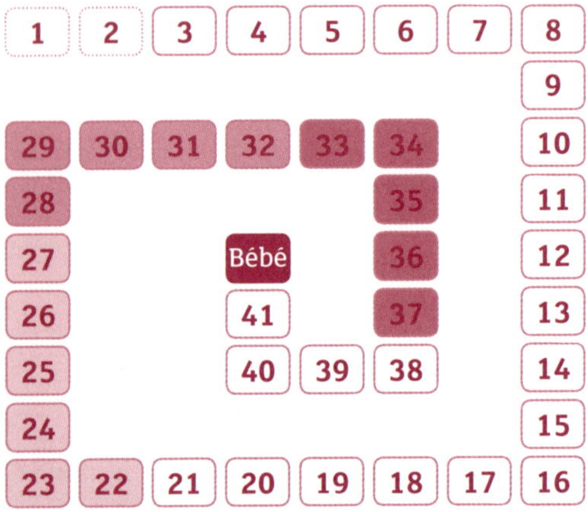

9 semaines ! Beau score !

LES AVENTURES DE MON BÉBÉ, CETTE SEMAINE.

Enfin, le cou s'allonge un peu et permet à la tête de ne plus être collée au thorax : l'embryon se redresse un tant soit peu.

Les membres poursuivent leur développement (ce ne sont pas encore des os, seulement des cartilages) : les articulations s'ébauchent et les coudes peuvent se plier. Oh ! Il y a des doigts et des orteils !

Le nerf optique devient opérationnel, les paupières recouvrent les yeux qui eux-mêmes se rapprochent.

Les canaux urinaire et rectal se développent.

Le cordon ombilical lui sert de liane et l'embryon se prend pour Tarzan... en avant les cabrioles !

Votre bébé mesure environ 20 mm et pèse 2 g.

Semaine 9 (9e SA)

Je pèse : kg

Mes sensations :

J'aime :

Je n'aime pas :

J'ai envie de :

Je n'ai pas envie de :

Et le papa, il fait quoi / il en pense quoi ?

L'anecdote de la semaine :

Les petits désagréments (suite et fin !)

☐ Les hémorroïdes

Elles vont de pair avec la constipation, la pression de l'utérus sur les organes internes, la dilatation des veines dans l'ensemble du corps…

Mon échelle de Richter

0 1 2 3 4 5 6 7 8 9 10

☐ Le mal de dos, la sciatique

Très fréquent au cours des 3 derniers mois… Pour conserver l'équilibre, toute la position du corps change : le dos se creuse, on marche les jambes plus écartées, etc. Si l'on ajoute à cela le mouvement des os des hanches et les tractions sur les ligaments, on comprend pourquoi le dos fait souffrir !

Astuces :

> Évitez les efforts, ne portez pas de poids lourds.
> Ne restez pas trop longtemps debout.
> Prenez rendez-vous chez votre kinésithérapeute qui peut vraiment vous soulager.

Mon échelle de Richter

0 1 2 3 4 5 6 7 8 9 10

En vrac

☐ Les crampes
☐ La transpiration
☐ L'hypersalivation
☐ Les veines sur les seins
☐ Les pertes vaginales

Si vous avez connu d'autres joyeusetés…

……………………………………………………………

……………………………………………………………

……………………………………………………………

La grossesse, c'est dans la tête aussi...

Sautes d'humeur, larmes faciles, questions existentielles... Côté psycho, la grossesse apporte son lot de rebondissements.

Le choc : Je vais être maman !

Un enfant, ça chamboule tout ! On change de statut (finie l'insouciance), de rythme (finies les grasses mat'), de préoccupations (Mais où est ce doudou ?), d'objectifs (obtenir une place en crèche est mon nouveau combat). Et tout cela, il faut l'accepter, s'y préparer... Neuf mois pour mûrir ce projet ne sont pas de trop.

Les ondes de choc : D'un coup, on a des prises de conscience, des moments de panique... « Qu'est-ce que je vais faire d'un bébé ? » « Je ne sais pas m'occuper de moi, comment vais-je pouvoir m'occuper d'un enfant ? »

Plan anti-choc : Il vaut mieux se convaincre dès le début que l'on ne sera pas une mère parfaite, que l'on fera plein d'erreurs... mais aussi que l'on fera de son mieux pour apporter à ce petit tout l'amour et l'attention dont il a besoin.

Le choc : C'est quoi ce corps ?

Les femmes ont souvent du mal à accepter leur image... la voir ainsi se modifier sans pouvoir maîtriser les choses peut être difficile à vivre.

Les ondes de choc : Ne plus être « une femme » mais seulement « une maman » et laisser son corps en friche...

Plan anti-choc : Évidemment, en ne prenant que le poids nécessaire, on limite les dégâts et on se facilite le travail pour la suite. Regarder la photo d'Heidi Klum, après ses quatre enfants, peut vous motiver !

Le choc : J'ai peur d'accoucher !

Avec tous les récits épouvantables que l'on peut entendre, l'angoisse « normale » liée à l'accouchement peut devenir une vraie phobie.

Les ondes de choc : Certaines femmes se laissent tellement envahir par la peur qu'elles demandent une césarienne pour ne pas subir l'accouchement (ce qui est largement refusé bien sûr).

Plan anti-choc : Ne pas hésiter à parler à son médecin, lui confier ses craintes afin qu'il nous rassure pleinement. Se rappeler qu'il s'agit d'un des actes les plus naturels de l'espèce humaine et faire confiance à son corps.

10e SA / 8e SG

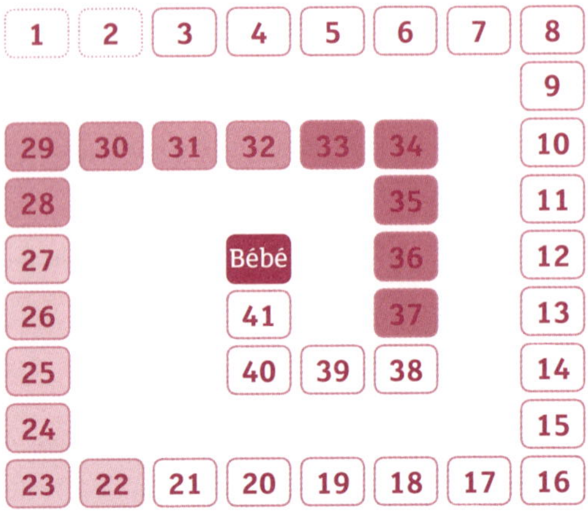

10 : un joli compte rond… bien plus rond que mon ventre !

LES AVENTURES DE MON BÉBÉ, CETTE SEMAINE.

Une grande étape est franchie : bébé est au complet ! Tout est formé, prêt à se développer… à partir de maintenant, il ne va faire que grandir et grossir !

Les pieds et les mains sont là, le visage dessiné, le cœur est achevé… et il en va de même pour tous les organes.

Évidemment, il a beau être presque fini, il ne mesure que 3 cm et ne pèse que 3 g…

ET VOUS, ÇA VA SINON ?

Votre utérus a la taille d'une orange : comme il s'agit d'un muscle, ses fibres vont s'étirer et s'allonger jusqu'à atteindre leur taille maximale et faire leur travail pour pousser bébé vers la sortie le moment venu.

Vous subissez peut-être les désagréments classiques de la grossesse : nausées, brûlures d'estomac, envie fréquente d'uriner, jambes lourdes… et surtout, grosse fatigue.

Semaine 10 (10e SA)

Je pèse : kg

Mes sensations :

J'aime :

Je n'aime pas :

J'ai envie de :

Je n'ai pas envie de :

Et le papa, il fait quoi / il en pense quoi ?

L'anecdote de la semaine :

Les questions que je veux poser au gynécologue / à la sage-femme

Mon examen médical

Poids (officiel) : ....

Tension artérielle : ....

Hauteur utérine : ....

Fermeture du col : ....

Remarques du médecin

....
....
....
....
....

Examens complémentaires à effectuer

....
....
....
....
....

Traitement

....
....
....
....
....

(Collez ici une photo de votre ventre. Essayez de prendre le cliché toujours au même endroit avec les mêmes vêtements et le même éclairage… l'effet « poussée de bidon » sera plus saisissant !

3e mois

11e SA / 9e SG

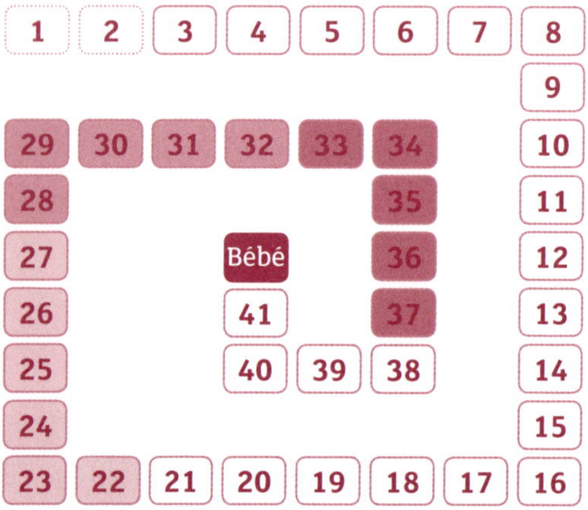

Disons que l'on a fait le quart du chemin.

LES AVENTURES DE MON BÉBÉ, CETTE SEMAINE.

Ses membres s'allongent : d'ailleurs, les bras ont une longueur d'avance sur les jambes ! Comme le cou se renforce, la tête se redresse légèrement : elle est encore tout à fait disproportionnée par rapport au reste du corps... On ne peut pas dire que bébé soit vraiment un top-model...
L'appareil urinaire est formé : il est différent selon le sexe de l'enfant mais pour le moment... on ne sait toujours rien à ce sujet.
À ce moment-là, bébé pèse environ 10 g et mesure 5,5 cm.

Semaine 11 (11e SA)

Je pèse : kg

Mes sensations :

J'aime :

Je n'aime pas :

J'ai envie de :

Je n'ai pas envie de :

Et le papa, il fait quoi / il en pense quoi ?

L'anecdote de la semaine :

Et je mange quoi, moi, pendant 9 mois ?

Une des questions cruciales qui va vous occuper toute la durée de cette grande aventure...

Les idées reçues (et la vérité vraie à leur sujet)

Il faut manger plus ?

Faux ! Vous allez être déçue... Se goinfrer sous prétexte que vous avez un bébé à fabriquer ne sera pas un argument recevable. Finalement, la grossesse augmente assez peu les besoins énergétiques de la mère (sauf au 3e trimestre) : si vous ne modifiez rien à vos habitudes, le corps s'adapte et va mieux assimiler les apports que vous lui donnez.
Certes, vous allez voir votre faim augmenter, mais n'en profitez pas pour céder à toutes les tentations, vous risqueriez de le regretter par la suite...

On peut tout se permettre ?

Non, non et non ! Tout d'abord parce que cela engendrerait une prise de poids trop importante, ensuite parce qu'il y a des aliments qui ne sont pas recommandés et dont la consommation peut avoir des conséquences sur le fœtus (voir page 53).

Il faut prendre 1 kilo par mois ?

Oh là, ce n'est pas si simple ! La prise de poids n'est pas régulière (très faible au premier trimestre puis s'intensifiant de plus en plus) et n'est pas identique d'une femme à l'autre (et même d'une grossesse à l'autre pour une même femme). On ne peut donc pas simplifier ainsi : tout dépend de la corpulence de départ, de l'état de santé et des besoins énergétiques propres à chacune.

On peut faire un régime pendant la grossesse ?

Ah non ! Ce n'est vraiment pas le moment ! S'il faut surveiller sa prise de poids pour (tenter de) la maîtriser, il n'est pas question de prendre trop peu poids ou d'en perdre. Ne pas assez se nourrir peut avoir des répercussions sur la croissance du fœtus et entraîner des complications (prématurité ou petit poids à la naissance).

Menu numéro 1 : couvrir mes besoins particuliers.

La grossesse, c'est une sacrée entreprise : pour bâtir un petit corps potelé, avec tout ce qu'il faut là où il faut... Il faut de quoi alimenter ses chaînes de production.

Manger régulièrement/sainement

Votre bébé se construit en continu : il ne tient pas compte de votre rythme de travail, des horaires de vos rendez-vous ou de vos disponibilités pour déjeuner. Il lui faut du carburant non-stop. Si vous ne voulez pas subir de coups de pompe, de crises d'hypoglycémie ou autres désagréments, mieux vaut alimenter la machine de façon régulière.
La journée sera donc rythmée par les trois repas principaux, mais également par deux collations légères si vous êtes obligée de fractionner votre alimentation (pour lutter contre les fringales, la nausée ou les remontées gastriques notamment).
En adoptant un rythme régulier, en pensant à vos repas comme autant d'éléments que vous apportez à votre enfant, vous serez plus à même de manger de façon équilibrée. Prenez le temps du repas.

Manger ce qu'il faut pour faire un beau bébé...

> Des protéines pour fabriquer du muscle : viande, poisson, œufs, laitages.
> Des glucides pour l'énergie : privilégiez les sucres lents (céréales complètes) qui aideront à lutter contre les fringales.
> Des lipides pour la constitution du système nerveux : consommez du poisson gras, variez les huiles (olive, colza, tournesol, etc.).
> Des sels minéraux pour la forme, et surtout du calcium pour un squelette en béton armé.
> Des vitamines : la star des vitamines de la grossesse s'appelle l'acide folique (ou vitamine B9), importante pour le système nerveux. Ses copines vitamine A, B1, B6, B12, C et E, indispensables également, sont apportées par une alimentation variée.
> De l'eau pour fabriquer du liquide amniotique, limiter la constipation, éviter les infections urinaires... buvez, buvez, et variez les eaux !

12e SA / 10e SG

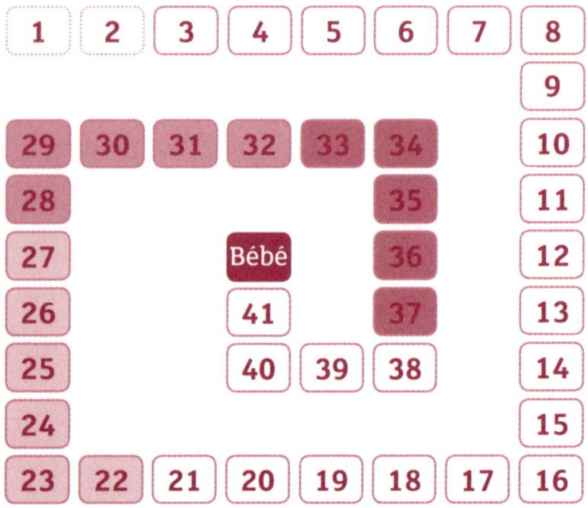

Finalement, ça passe vite, non ?

LES AVENTURES DE MON BÉBÉ, CETTE SEMAINE.

Allez, hop, on grandit !

Les reins fonctionnent : le fœtus absorbe du liquide amniotique dans lequel il baigne, les reins le filtrent et il urine dans le même liquide amniotique... Tout cela étant totalement stérile.

Le foie, qui fabrique les globules rouges, est lui aussi en pleine activité.

Grâce au développement des muscles, les mouvements deviennent plus amples : il bouge énormément (pour l'instant, il a encore beaucoup de place) et se livre à un véritable entraînement sportif.

Les dents définitives sont présentes, sous forme de bourgeons. Il se prépare un joli sourire (dans une douzaine d'années...)

Semaine 12 (12e SA)

Je pèse : kg

Mes sensations :

J'aime :

Je n'aime pas :

J'ai envie de :

Je n'ai pas envie de :

Et le papa, il fait quoi / il en pense quoi ?

L'anecdote de la semaine :

Menu numéro 2 : limiter la prise de poids

La grossesse n'est pas synonyme de buffet à volonté pendant 9 mois !

Pourquoi il ne faut pas trop prendre de poids :

> Pour éviter les risques de diabète gestationnel et d'hypertension qui peuvent être graves pour la maman et le bébé.
> Parce que cela peut compliquer l'accouchement et rendre la césarienne nécessaire.
> Parce qu'il est si facile d'en prendre et si difficile d'en perdre...

Une prise de poids adaptée :

Tout va dépendre de votre IMC[1]. Votre médecin surveillera votre courbe de poids et vous indiquera si vous dépassez les limites.

Si vous êtes mince (avec un IMC[1] < à 20)
C'est vous qui avez le plus de libertés : veillez à ce que vos apports soient suffisants. Prenez un bon petit déjeuner, consommez des féculents aux repas et ajoutez des collations dans la journée.

Si vous êtes de corpulence normale (avec un IMC entre 20 et 25)
Aux trois repas principaux, ajoutez plutôt une vraie collation qu'un grignotage intempestif.
Consommez suffisamment de lipides, mais évitez les plats gras.
N'abusez pas des fruits, parce qu'ils apportent du sucre sans qu'on s'en rende compte (pas plus de quatre par jour, jus compris).
Mangez des féculents le soir pour ne pas avoir de fringales nocturnes.

Si vous êtes ronde (avec un IMC > à 25)
Structurez votre journée sur trois repas en veillant à ce qu'ils vous apportent le nécessaire pour ne pas craquer.
Limitez les plats trop gras et trop sucrés et favorisez la cuisson à la vapeur.
Accordez-vous un plaisir de temps en temps, pour ne pas être frustrée.
Marchez, nagez, respirez, pour rester en forme.

1. Indice de Masse Corporelle. Calculez-le en divisant votre poids (en kg) par votre taille (en m) au carré.

Menu numéro 3 : haute sécurité !

Limitons les risques... Le but est d'éviter les toxi-infections alimentaires qui peuvent être dangereuses pour le fœtus, notamment la toxoplasmose et la listériose. Prenez vos précautions (surtout si vous n'êtes pas immunisée contre la toxoplasmose) !

Des règles d'hygiène :

> Lavez-vous les mains, notamment avant de manipuler des aliments.
> Ayez un frigo impec' : éliminez les bactéries en le nettoyant très régulièrement avec des produits javellisés (au moins tous les 15 jours).
> Lavez et épluchez scrupuleusement les fruits, les légumes et les plantes aromatiques.
> Dans les restaurants, demandez la viande bien cuite et évitez les crudités (vous ne savez pas comment elles ont été lavées).
> Consommez les aliments cuits à point.
> Si vous avez un chat, portez des gants pour changer sa litière.
> Jardinez avec des gants.

Des aliments à éviter :

> Le cru : tartare, sushis, saumon fumé, coquillages...
> Les produits à base de lait cru : préférez les fromages à pâte cuite et retirez systématiquement la croûte.
> Les produits industriels : charcuteries (type rillettes, pâté de foie, etc.) ou encore le surimi, le tarama.
> Le foie : il contient trop de vitamine A.
> Le soja : consommé en trop grande quantité, il contient des hormones qui peuvent perturber la grossesse.
> Les produits à base d'œuf doivent être consommés rapidement (et conservés sans rompre la chaîne du froid). Si vous faites une mayonnaise maison, mangez-la tout de suite.

Petit rappel des autres interdits

> L'alcool
> Le tabac
> Les excitants, pas d'interdiction mais à consommer avec modération : thé, café, soda au cola...

La 1re écho officielle : la rencontre !

Une écho, c'est quoi ?

Il s'agit d'un examen parfaitement indolore et sans danger qui, grâce aux propriétés des ultrasons, permet de surveiller le bon déroulement de la grossesse et de dépister une éventuelle anomalie.
Trois échographies sont prises en charge par la Sécurité sociale (dans le cadre d'une grossesse classique, elles sont suffisantes). D'autres échographies peuvent être pratiquées par le médecin en cas de grossesse à risques.

La première écho, dite « échographie de datation »

Elle doit avoir lieu entre la 11e et la 13e SA.
Date : ....
Futur papa présent : ☐ oui ☐ non
Quelqu'un d'autre pour m'accompagner : ....
Ma réaction :
☐ impatience ☐ stress ☐ surprise ☐ larmes ☐ cris de joie

On regarde quoi ?

Cet examen permet de dénombrer le/les embryon(s), de détecter d'éventuelles anomalies. Tout est observé : la tête, le profil, les membres, le ventre, les organes, le cœur, etc. Le doppler permet d'entendre les battements du cœur et de surveiller les échanges sanguins entre la mère et l'enfant.

Deux points sont particulièrement scrutés :

> la longueur crânio-caudale (LCC) qui part du sommet de la tête jusqu'aux fesses et qui permet de dater très précisément la grossesse, à trois jours près. À cet âge-là, tous les embryons font normalement la même taille. Cette datation est importante pour évaluer le terme de votre grossesse.

> la clarté nucale (ou épaisseur de la nuque) qui doit être inférieure ou égale à 3 mm. Cette mesure permet la détection des anomalies chromosomiques telles que la trisomie 21. Si la mesure est supérieure à la normale, d'autres examens seront pratiqués (amniocentèse notamment) pour confirmer le diagnostic.

Les images de la première échographie

Collez ici les clichés de l'échographie.

Taille du fémur : ....

Périmètre abdominal (PA) : ....

Diamètre de la tête (BIP) : ....

13e SA / 11e SG

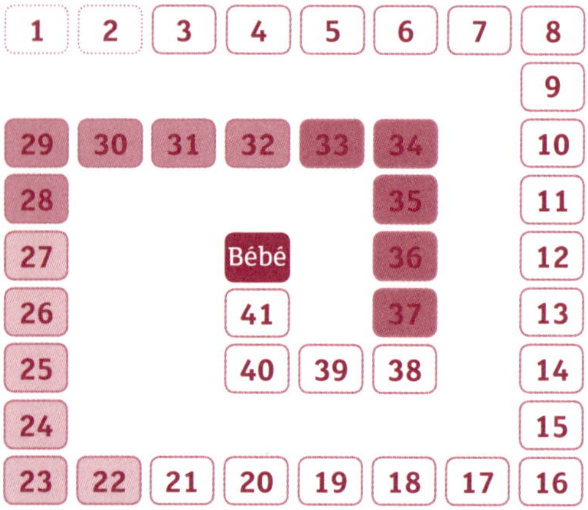

Et hop ! Une de plus…

LES AVENTURES DE MON BÉBÉ, CETTE SEMAINE.

Le cerveau connaît un développement phénoménal : les connexions entre toutes les terminaisons nerveuses se multiplient de façon exponentielle, à tel point que les tissus commencent à se plisser pour pouvoir rentrer dans la boîte crânienne.

Jusqu'à présent, le corps de votre bébé n'était fait que de cartilages… qui commencent à se transformer en os. Les membres se solidifient et la cage thoracique s'amplifie.

Le visage continue à se dessiner : comme le cartilage durci, les structures se précisent : le nez et le menton prennent forme.

Les paupières ont bien recouvert les yeux. Elles restent fermées pour le moment.

Le voilà qui mesure maintenant 7,5 cm et pèse 28 g. Impressionnant !

Semaine 13 (13e SA)

Je pèse : kg

Mes sensations :

J'aime :

Je n'aime pas :

J'ai envie de :

Je n'ai pas envie de :

Et le papa, il fait quoi / il en pense quoi ?

L'anecdote de la semaine :

La grossesse ? Le rêve !

La grossesse, ce n'est pas que dans le corps, le psychisme se modifie également, et le rêve est un excellent outil pour avancer.

Enceinte, on rêve beaucoup plus.

En début de grossesse, la progestérone, dont la production est massive, a un effet sédatif sur le système nerveux… qui dit dormir plus, dit rêver plus. En fin de grossesse, il est difficile de trouver une position pour dormir, le bébé bouge beaucoup. Le sommeil est moins profond : on se souvient mieux de ses rêves à l'occasion de tous ces « micro-réveils ».

Enceinte, on rêve de quoi ?

Inquiétudes sur l'avenir, réactivation de souvenirs anciens, positionnement par rapport à sa propre mère… la grossesse peut entraîner une certaine fragilité au niveau psychologique.

> On se pose des questions sur sa capacité à être mère : on rêve de soi dans des situations « test ».

Nina, 32 ans : « Dans mon rêve, j'étais devant la table à langer avec mon bébé. Je changeais sa couche. À peine était-ce fini, je la rechangeais parce qu'elle était encore pleine. Et une nouvelle fois encore. Et encore. Je passais mes journées à ça ».

> On revit des situations durant lesquelles, petite, on se faisait des films sur la grossesse, l'amour, tout ça, tout ça…

Sandrine, 25 ans : « Pendant ma grossesse, je rêvais de ma mère, enceinte de moi, comme si je devais trouver ma place dans la suite de l'histoire ».

> On connaît des angoisses sur sa situation future, on s'interroge sur son désir d'enfant (sans pour autant le remettre en cause).

Carla, 29 ans : « Quel rêve terrible ! J'allais dans une boutique et je laissais mon bébé à la caisse. La vendeuse me courait après en criant "vous avez oublié quelque chose…" La honte ! »

> On se pose beaucoup de questions sur l'accouchement, ce qui peut générer de vraies angoisses. La fin de la fusion approche…

Anouk, 31 ans : « Je rêvais qu'un matin, mon ventre tombait, comme ça, boum, pendant que je marchais. »

Notez vos rêves les plus bizarres /drôles / angoissants…

Décrivez votre « enfant imaginaire »

14e SA / 12e SG

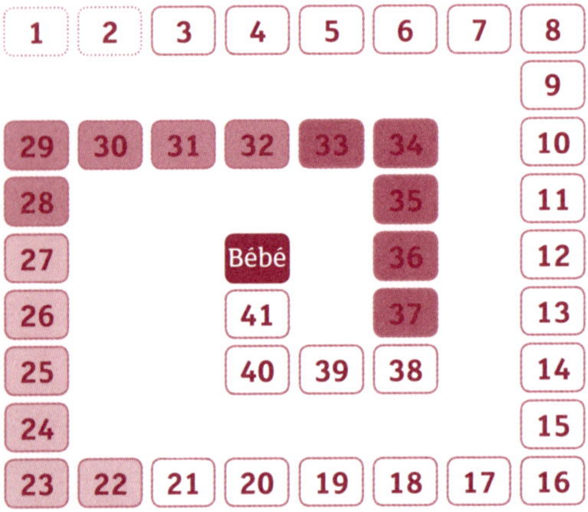

Un joli bout de chemin déjà parcouru !

LES AVENTURES DE MON BÉBÉ, CETTE SEMAINE.

La moelle épinière commence à prendre le relais du foie pour la fabrication des cellules sanguines… Il faut augmenter le rythme de production !

Au bout des petits doigts de bébé se dessinent ses empreintes digitales : c'est une caractéristique propre à l'espèce humaine. Elles sont uniques et resteront les mêmes tout au long de sa vie.

Sous l'influence des hormones, les organes sexuels se développent (les ovaires ou la prostate). Le pénis du petit garçon peut commencer à être identifié !

Poids : 45 g. Taille : 10 cm de la tête aux pieds.

Semaine 14 (14e SA)

Je pèse : kg

Mes sensations :

J'aime :

Je n'aime pas :

J'ai envie de :

Je n'ai pas envie de :

Et le papa, il fait quoi / il en pense quoi ?

L'anecdote de la semaine :

Des examens en veux-tu, en voilà !

La grossesse est médicalisée... pour le bien de la maman et du bébé. Petite liste, non exhaustive, des festivités qui vous attendent...

Les consultations médicales : voir mémo pages 4/5.

L'examen dentaire : La grossesse peut entraîner des problèmes dentaires (gencives boursouflées, saignements...). Consultez votre dentiste en début de grossesse.

Les échographies : voir pages 54, 108 et 156.

L'analyse des urines : Tous les mois, on recherche la présence de glucose et d'albumine dans les urines (ce qui pourrait être le signe de diabète gestationnel pour le premier, d'hypertension ou de problèmes rénaux pour le second).

L'examen des marqueurs de la trisomie (ou tri-test) : Il n'est pas obligatoire mais doit impérativement vous être proposé pour avoir lieu entre la 14e et la 18e SA. Couplé à la mesure de la clarté nucale par l'échographie, il permet d'évaluer les risques de trisomie de votre bébé grâce aux dosages des hormones dans votre sang. Ces risques augmentent avec l'âge de la maman, et en présence d'antécédents familiaux. Le test n'est qu'une évaluation des risques et non un diagnostic : un « mauvais » résultat entraînera un examen approfondi, tel qu'une amniocentèse.

La biopsie du trophoblaste : Autour de la 10e SA, on prélève des cellules du tissu placentaire, afin de rechercher des anomalies génétiques du fœtus. Il est pratiqué en cas d'antécédents de maladies génétiques ou métaboliques (trisomie 21, mucoviscidose, hémophilie, myopathie, etc.) et permet de déterminer le sexe de l'enfant (ce qui peut être important pour des maladies liées à ce facteur). Indolore et sans risque pour la mère (le risque de fausse couche est malgré tout élevé : entre 3 et 5 %), les résultats sont obtenus sous 48 heures et permettent de décider rapidement s'il est nécessaire d'interrompre la grossesse.

L'amniocentèse : Elle consiste à prélever du liquide amniotique à partir de la 13e ou 14e SA, afin de dépister des maladies génétiques, certaines malformations ou des signes de souffrance fœtale. Elle est recommandée pour les mamans de plus de 38 ans. Les résultats sont connus au bout deux semaines. Les risques de fausse couche sont peu élevés (moins de 1 %), mais l'examen est souvent mal vécu (la grande aiguille est quelque peu impressionnante et le geste ressenti comme intrusif).

Les sérologies : Plusieurs sérologies sont obligatoires.
Au 1er trimestre : toxoplasmose, rubéole, HIV, syphilis et hépatite C.
Au 6e mois : sérologie de l'hépatite B.
Chaque mois : si vous n'êtes pas immunisée : toxoplasmose.
Si vous êtes de rhésus négatif : recherche des agglutinines irrégulières.

Radiographie du bassin (radiopelvimétrie) : Si les radios sont déconseillées pendant la grossesse, celle du bassin permet d'analyser la structure du bassin et de déterminer la possibilité d'un accouchement par voie basse, notamment en cas de complication (présentation en siège, par exemple).

La consultation chez l'anesthésiste : Pour constituer votre dossier... Vous serez bien contente quand il viendra vous soulager avec la péridurale ou qu'il sera prêt à intervenir pour une césarienne.

➔ **À noter !**
La consultation chez l'anesthésiste est obligatoire même si vous souhaitez accoucher sans péridurale. Une intervention en urgence peut toujours être nécessaire.

➔ **À savoir !**
Vous n'aurez peut-être pas à faire au même anesthésiste le jour J... Tout dépendra du tableau des gardes.

15e SA / 13e SG

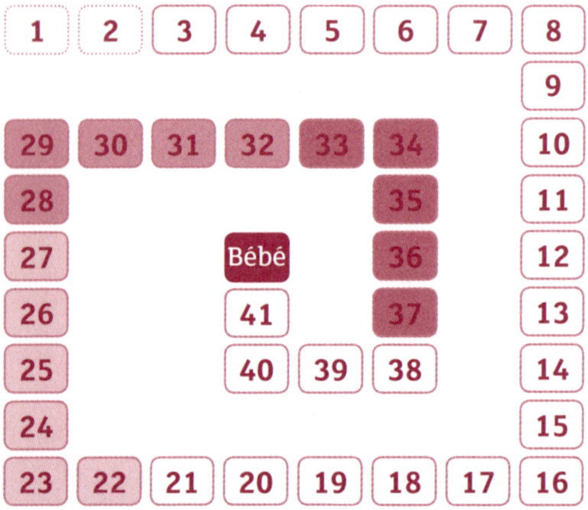

15 semaines, c'est peu à l'échelle d'une vie… mais c'est déjà beaucoup !

LES AVENTURES DE MON BÉBÉ, CETTE SEMAINE.

Les sens commencent à se développer : le goût apparaît. Comme le réflexe de déglutition s'installe, le bébé différencie les saveurs présentes dans le liquide selon l'alimentation de sa maman (il préfère le goût sucré !).
D'autres réflexes se mettent en place : quand il se heurte aux parois de l'utérus, il ouvre et ferme les poings. Grâce aux os qui se solidifient et aux articulations, il commence à faire de vrais mouvements de rotation des poignets… et varie les cabrioles.
Sa taille est maintenant de 11 cm et son poids de 65 g.

ET VOUS, ÇA VA SINON ?

Votre utérus a le volume d'un pamplemousse : il s'est redressé et remonte dans la cavité abdominale et on peut le palper derrière le pubis. On remarque un petit renflement de votre ventre.
Vos seins ont grossi, leur aréole est peut-être plus foncée.
Il se peut que vous voyez se former une ligne brune ou légèrement bleutée, partant du pubis et allant jusqu'au nombril. Elle disparaîtra progressivement après l'accouchement.

Semaine 15 (15e SA)

Je pèse : kg

Mes sensations :

J'aime :

Je n'aime pas :

J'ai envie de :

Je n'ai pas envie de :

Et le papa, il fait quoi / il en pense quoi ?

L'anecdote de la semaine :

Les questions que je veux poser au gynécologue / à la sage-femme

Mon examen médical

Poids (officiel) : ....

Tension artérielle : ....

Hauteur utérine : ....

Fermeture du col : ....

Remarques du médecin

....

....

....

....

....

Examens complémentaires à effectuer

....

....

....

....

....

Traitement

....

....

....

....

....

(Collez ici une photo de votre ventre. Essayez de prendre le cliché toujours au même endroit, avec les mêmes vêtements et le même éclairage… l'effet « poussée de bidon » sera plus saisissant !)

4e mois

16e SA / 14e SG

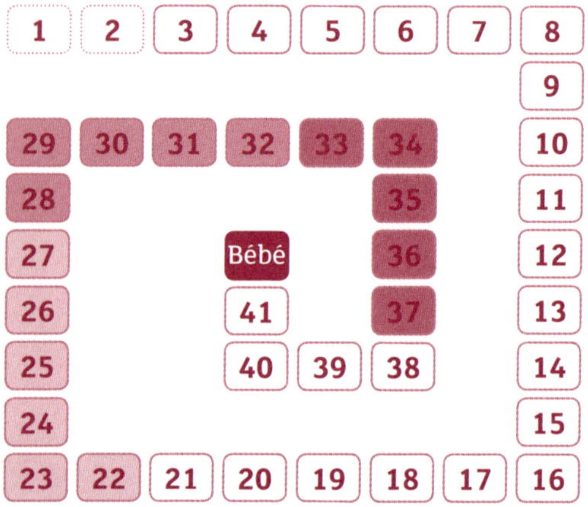

On entame une nouvelle ligne droite !

LES AVENTURES DE MON BÉBÉ, CETTE SEMAINE.

Son sens du toucher s'exerce grâce aux cellules de la peau : il « sent » les contacts avec l'utérus.

Ses proportions se rapprochent de la normale : les jambes s'allongent plus que les bras et la tête, redressée, ne va plus avoir une croissance aussi rapide.

Les muscles du visage s'exercent : il ouvre la bouche, fronce les sourcils, fait tourner ses yeux...

Les intestins, qui jusqu'à présent étaient trop volumineux pour être contenus dans la paroi abdominale, commencent à occuper leur place définitive.

La thyroïde entre en action et produit des hormones qui seront indispensables à la croissance.

Il mesure 14 cm de la tête aux pieds et pèse presque 110 g.

Semaine 16 (16e SA)

Je pèse : kg

Mes sensations :

J'aime :

Je n'aime pas :

J'ai envie de :

Je n'ai pas envie de :

Et le papa, il fait quoi / il en pense quoi ?

L'anecdote de la semaine :

Je bouge mon corps

Non, non ! Il ne faut pas arrêter le sport ! Si les mouvements violents sont évidemment à remettre à plus tard, une activité douce et adaptée est au contraire fortement recommandée pour que la future maman reste en forme (et retrouve sa ligne le plus vite possible après la naissance...).

Tout dépend de vos habitudes avant grossesse :

> Vous faisiez beaucoup de sport : vous allez continuer, mais en ralentissant le rythme, en réduisant la durée des séances, en changeant d'activité s'il le faut.

> Vous pratiquiez une activité modérée : continuez !

> Vous ne faisiez pas de sport : ce n'est pas le moment de vous mettre à préparer le marathon... mais vous pourriez prendre l'habitude de marcher régulièrement par exemple, ou de nager... en espérant que vous continuerez ensuite !

Pendant 9 mois, on oublie :

> L'aérobic > le step > les sports de combat
> les sports de balle collectifs > le tennis
> le VTT (risque de chute) > l'équitation
> le roller > l'alpinisme > l'apnée (formellement interdite)

... et toute autre activité occasionnant des chocs, des chutes ou une grosse mobilisation d'énergie.

On recommande :

> La natation (sous réserve de trouver un maillot adapté)
> la marche > la gymnastique douce > le Pilates
> le stretching > le yoga (tant que c'est possible).

Le rythme idéal ?

3 séances d'une demi-heure par semaine.
La marche peut être une activité quotidienne.

Pourquoi ça fait du bien ?

Pendant la grossesse, l'activité physique permet :

> d'entretenir la musculature abdominale,
> d'améliorer la circulation sanguine,
> de favoriser une meilleure oxygénation,
> d'augmenter l'endurance et de lutter contre la constipation.

Maintenir une certaine activité permet également d'avoir le sentiment de ne pas se laisser aller, de continuer à s'occuper de soi...

Pour l'accouchement : les études montrent que les femmes ayant continué une activité sportive pendant la grossesse ont moins recours à la césarienne. D'autre part, une bonne forme physique facilite le travail de l'accouchement, notamment pour la respiration.

Pour l'après-naissance : moins on perd sa forme physique, plus il est facile de la retrouver...

Mes activités physiques avant la grossesse

....

....

....

Mes activités physiques pendant la grossesse

☐ Marche ☐ Tricot (gymnastique des doigts)

☐ Shopping ☐ Cueillette des fraises (les fameuses envies)

☐ Autre :

....

....

....

Quand j'aurai accouché, je...

☐ retournerai au cours de gym 3 fois par semaine

☐ nagerai entre 12 h et 14 h

☐ ferai du running avec la poussette

(On ne vous croit pas une seconde, mais c'est bien de s'auto-motiver !)

17e SA / 15e SG

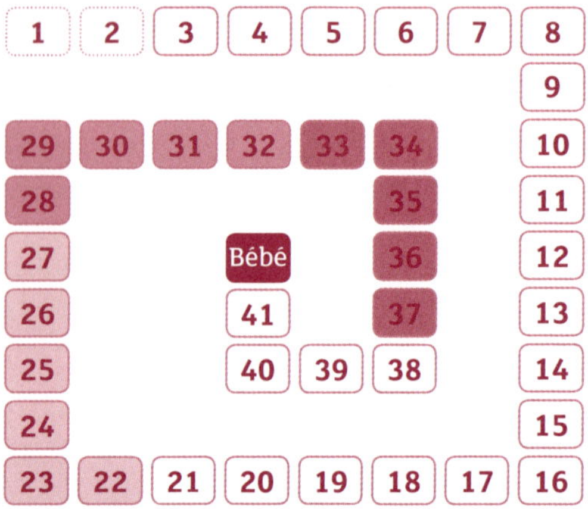

Les jours passent, les semaines passent, les mois passent… et bientôt, tu seras là.

LES AVENTURES DE MON BÉBÉ, CETTE SEMAINE.

Les poumons commencent leur entraînement intensif : même si votre bébé ne « respire » pas (l'oxygène lui est amené par le sang de sa mère et le dioxyde de carbone rejeté par le même circuit), les mouvements respiratoires permettent le développement de sa cage thoracique.
Le rythme cardiaque qui était très rapide les semaines précédentes commence à ralentir.
Avec ses 16 cm et près de 135 g, ce petit athlète est en pleine forme.

Semaine 17 (17e SA)

Je pèse :   kg

Mes sensations :

J'aime :

Je n'aime pas :

J'ai envie de :

Je n'ai pas envie de :

Et le papa, il fait quoi / il en pense quoi ?

L'anecdote de la semaine :

Du sexe ? Euh... oui !

On préfère vous le dire tout de suite : la grossesse ne sera pas la meilleure période de votre vie pour les parties de jambes en l'air. Certaines se vantent d'avoir eu une sexualité débordante... permettez-nous d'en douter. Pourtant, il n'est pas question de faire vœu de chasteté jusqu'à l'arrivée du divin enfant (d'autant qu'il n'y a aucune contre-indication médicale).

Le désir n'est pas un long fleuve tranquille.

Au premier trimestre : Entre la révolution hormonale, la fatigue, les nausées, les angoisses du début de grossesse (surtout si elle est fragile), on ne peut pas dire que vous soyez très portée sur la question. Quand vous pensez à votre lit, c'est surtout pour dormir !
Mais il ne faut pas généraliser : certaines femmes se sentent très bien et vivent pleinement cette période, avec un sentiment de féminité extrême au contraire.
Quelle que soit votre situation, ne vous bloquez pas : évidemment, vous avez peur que cela fragilise votre couple... faites comprendre au futur papa que ce n'est pas votre amour qui est remis en cause, mais bel est bien le fait que, physiquement, vous n'êtes pas au mieux de vos capacités.

Au deuxième trimestre : C'est peut-être la meilleure période de la grossesse et il faut en profiter ! La fatigue s'est estompée, les nausées ont disparu (enfin, on espère...) et le ventre n'est pas encore trop gros. Évidemment, toutes les positions ne sont plus possibles... mais vous êtes encore assez à l'aise pour pouvoir trouver du confort et du plaisir. Il se peut que votre libido connaisse un rebond, mais il se peut aussi que le manque de désir se poursuive. Là encore, c'est surtout avec tendresse et échanges qu'il faut traverser cette période.

Au troisième trimestre : Votre ventre vous gêne et vous n'êtes pas forcément à l'aise avec votre corps. Même le désir du futur papa connaît une baisse significative (avec, à l'esprit, des angoisses du type « je vais faire mal au bébé »). Tout cela est classique. Ne culpabilisez pas ! Mais ne laissez pas non plus s'installer du silence, des non-dits ou des frustrations. Parlez et aimez-vous autrement !

Petit quiz à faire au lit quand on n'a pas envie d'y faire autre chose

Chéri, on invente une nouvelle position du Kama Sutra ?

☐ La cavalcade du baleineau

☐ La girouette de l'éléphante

☐ L'escalade de Vénus

Combien de spermatozoïdes sont expulsés à chaque fois que Monsieur atteint le 7e ciel ?

☐ Plusieurs millions

☐ Cela varie à chaque fois

☐ On ne va pas s'amuser à les compter !

Réponse : Toutes les réponses sont bonnes !

Quelle est la durée de gestation de la baleine bleue ?

a. 6 mois

b. 10 à 12 mois

c. 3 ans

Réponse : b

Quand doit-on exclure les relations sexuelles pendant la grossesse ?

a. Sur avis médical

b. Quand le papa a pris trop de poids

c. Si le papa ne peut pas satisfaire une envie… de tarte aux fraises.

Réponse : a

Attention ! Pendant un rapport sexuel lors de la grossesse, le bébé peut…

a. Voir ce qui se passe

b. Se demander qui toque à la porte de chez lui

c. Être traumatisé par des scènes de sexe torride

Réponse : aucune !

Quelle est la meilleure période de la grossesse pour la future maman ?

a. Quand elle ne sait pas qu'elle est enceinte

b. Au deuxième trimestre

c. Quand le papa est en déplacement

Réponse : b

18e SA / 16e SG

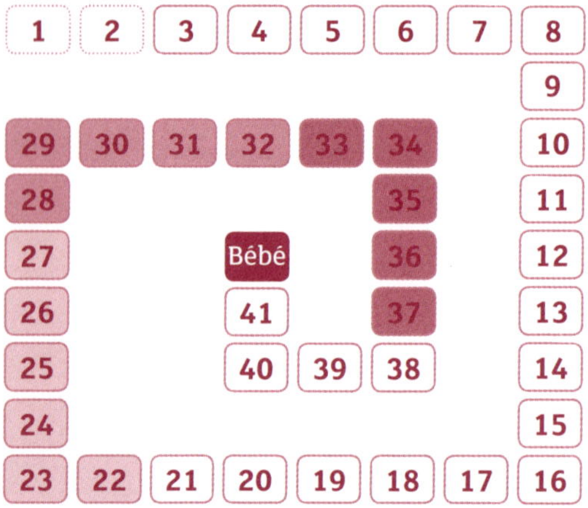

18 semaines… Qu'est-ce que ce sera quand tu auras 18 ans !

LES AVENTURES DE MON BÉBÉ, CETTE SEMAINE.

Son petit minois se perfectionne : les oreilles se sont placées au bon endroit. Il garde les yeux fermés, mais la rétine est sensible à la lumière… Bientôt, il verra le jour (enfin, pas encore…).

Sa peau se recouvre d'un fin duvet, appelé lanugo. Celui-ci disparaîtra à la naissance (même si certaines zones seront encore un peu poilues, au grand désespoir des mamans).

17,5 cm et 160 g. Vous vous rendez compte ?

Semaine 18 (18e SA)

Je pèse : kg

Mes sensations :

J'aime :

Je n'aime pas :

J'ai envie de :

Je n'ai pas envie de :

Et le papa, il fait quoi / il en pense quoi ?

L'anecdote de la semaine :

Bleu ou rose ?

Savoir si l'on attend un garçon ou une fille est une des questions cruciales ; après « sera-t-il en bonne santé ? » et « est-ce que je pourrais de nouveau rentrer dans mon jean ? »

Grâce à l'échographie, il est possible de connaître le sexe de son enfant dès la 12e semaine (si la position du fœtus le permet et avec des risques d'erreur élevés). C'est en général lors de l'échographie du 2e trimestre que la question se pose : pensez à prévenir votre médecin si vous ne voulez pas savoir. Avec la biopsie du trophoblaste (dès 11e semaine) ou l'amniocentèse (14e semaine), les résultats sont absolument sûrs.

Voulez-vous connaître le sexe de votre enfant ?

> Non

- ☐ Parce que la vie réserve peu de surprises et que nous souhaitons préserver celle-là
- ☐ Parce que dans une grossesse surveillée, c'est une petite part de rêve
- ☐ Parce que je veux éviter d'idéaliser trop l'enfant à venir
- ☐ Parce que, si c'est une « mauvaise » surprise, mieux vaut ne pas la ressasser pendant cinq mois...

> Oui

- ☐ Parce que la surprise sera malgré tout énorme
- ☐ Parce que c'est plus facile pour les achats et la déco de la chambre
- ☐ Parce qu'il est plus facile de s'attacher à un être mieux identifié
- ☐ Pour rendre la grossesse plus « concrète », notamment pour le papa
- ☐ Pour préparer l'aîné

Répliques pour ceux qui ne veulent pas savoir...

Vous voulez la surprise... les autres, non ! Tout le monde va vous harceler. Petites répliques à dégainer :

« Alors, c'est quoi ? »

> Un enfant en bonne santé (version « J'aime la vie »)
> Un enfant de l'amour (version « J'aime beaucoup la vie »)
> Un épagneul breton (version « Arrête avec tes questions sinon je perds les eaux sur ton tapis »)
> On n'a pas pu voir, il se cachait (version « Mon bébé est agent secret »)

Parfois, un seul des parents veut savoir… difficile de tenir sa langue ou de ne pas faire d'achat trop « orienté ». Comme souvent, c'est la communication dans le couple et le respect qui vous permettront de préserver vos choix.
Une autre solution : savoir mais garder le secret pour son entourage… (beau challenge !)

Techniques (un peu ridicules) pour tenter de percer le mystère…

Évidemment, il y a une chance sur deux, voilà pourquoi ces absurdités continuent de faire recette.

> Vous avez beaucoup de nausées au premier trimestre : c'est une fille !
> Un pendule au-dessus du ventre tourne en rond : c'est une fille ! S'il balance : c'est un garçon !
> Des envies de salé : c'est un garçon ! De sucré : c'est une fille !
> Votre ventre pointe vers l'avant : c'est un garçon ! Il s'étale sur les côtés : c'est une fille !
> Si, à l'échographie, un petit truc pendouille entre les jambes du bébé : c'est un garçon !

Les autres incroyables techniques de prédiction que vous connaissez :

……………………………………………………………………………………

……………………………………………………………………………………

……………………………………………………………………………………

……………………………………………………………………………………

On dit que les femmes ont un sixième sens et que les futures mères ont des pressentiments très forts…
En toute honnêteté, si vous ne connaissez pas encore le sexe de votre enfant, notez ici votre pronostic (si vous gommez ou si vous passez du blanc sur votre réponse après l'accouchement, ça se verra !)

Je pense que mon bébé sera…

……………………………………………………………………………………

19e SA / 17e SG

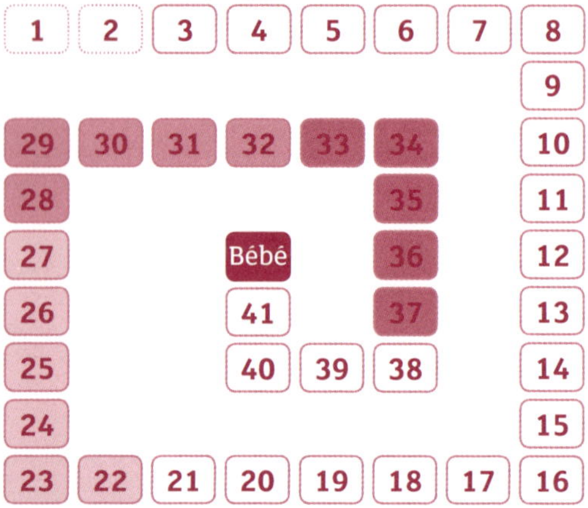

C'est fou comme ça défile...

LES AVENTURES DE MON BÉBÉ, CETTE SEMAINE.

Un coup d'accélérateur pour le développement du système nerveux : les fibres de la moelle épinière se recouvrent de myéline (gaine isolante qui permet la transmission de l'influx nerveux).
À force d'avaler du liquide amniotique, des particules de déchets commencent à s'accumuler dans les intestins pour former le « méconium » : peu après la naissance, ses premières selles les évacueront.
19 cm et 200 g : pas mal !

ET VOUS, ÇA VA SINON ?

Votre utérus se développe dans la cavité abdominale : il atteint presque le niveau du nombril. D'ailleurs, en prenant de l'ampleur, il tire sur les ligaments qui l'attachent aux os du bassin, occasionnant quelques douleurs.
Il se peut qu'un peu de colostrum s'échappe de vos seins.
Vous vous êtes bien arrondie, même si vous avez une prise de poids raisonnable.
Soignez votre peau !

Semaine 19 (19e SA)

Je pèse : kg

Mes sensations :

J'aime :

Je n'aime pas :

J'ai envie de :

Je n'ai pas envie de :

Et le papa, il fait quoi / il en pense quoi ?

L'anecdote de la semaine :

Les questions que je veux poser au gynécologue / à la sage-femme

Mon examen médical (visite obligatoire)

Poids (officiel) : ....

Tension artérielle : ....

Hauteur utérine : ....

Fermeture du col : ....

Remarques du médecin

....

....

....

....

....

Examens complémentaires à effectuer

....

....

....

....

....

Traitement

....

....

....

....

....

(Collez ici une photo de votre ventre. Essayez de prendre le cliché toujours au même endroit, avec les mêmes vêtements et le même éclairage… l'effet « poussée de bidon » sera plus saisissant !)

5e
mois

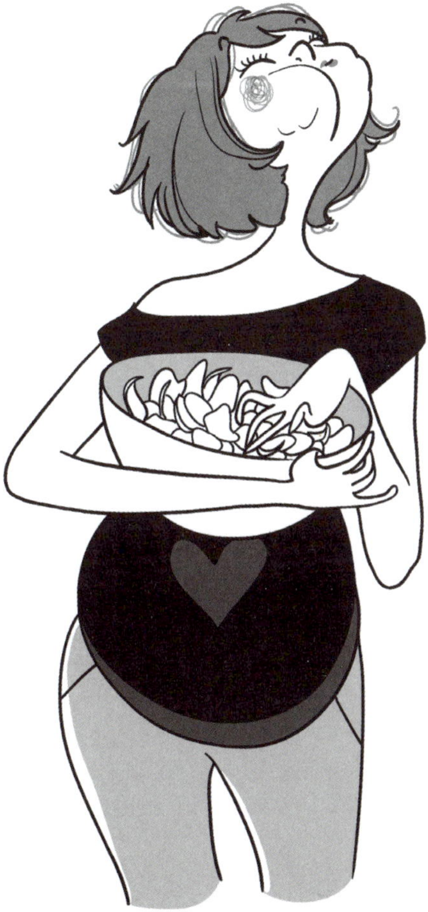

20e SA / 18e SG

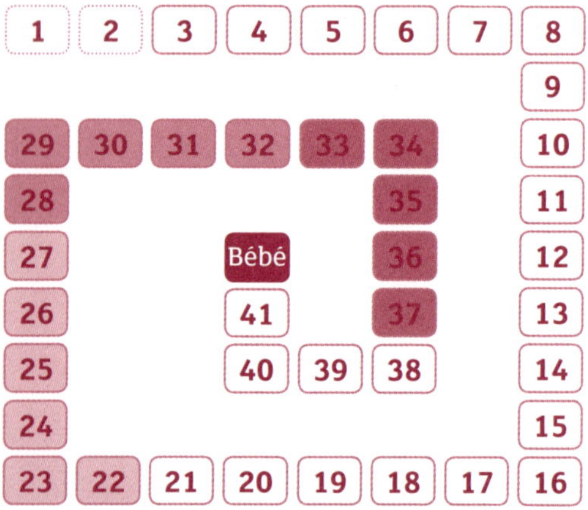

La moitié du parcours ! Je ferai presque des bonds de joie !

LES AVENTURES DE MON BÉBÉ, CETTE SEMAINE.

Quel sportif ! Il s'agite énormément... et vous commencez à le sentir vraiment. Ces mouvements lui permettent de développer sa musculature et de renforcer ses os et ses articulations.
On peut entendre son cœur en utilisant seulement un stéthoscope.
Son système nerveux mûrit rapidement : il a presque 14 milliards de cellules nerveuses...
Et tout cela tient dans un petit corps de 20 cm, pesant 250 grammes.

Semaine 20 (20e SA)

Je pèse : kg

Mes sensations :

J'aime :

Je n'aime pas :

J'ai envie de :

Je n'ai pas envie de :

Et le papa, il fait quoi / il en pense quoi ?

L'anecdote de la semaine :

Les vêtements de maternité,
grand moment dans l'histoire de la mode

S'habiller pendant la grossesse, c'est tout un roman…

Phase 1 : Génial, on rentre encore dans ses vêtements même si on doit déboutonner son pantalon…

Phase 2 : Youpi ! On se réjouit d'acheter un pantalon à gros élastique : on est enfin à l'aise et surtout… voilà, le ventre est là et il se voit !

Phase 3 : On est beaucoup moins joyeuse à l'idée de porter les mêmes vêtements pendant des mois.

Phase 4 : On pleure quand, une fois que l'on a déjà accouché, on enfile encore son jean de grossesse parce qu'on ne rentre dans rien d'autre…

Les indispensables :

> Le jean : il était déjà indispensable dans votre garde-robe avant la poussée de votre ventre, il vous suivra en toutes circonstances. Investissez dans une belle pièce parce que, à coup sûr, vous en aurez besoin encore quelque temps (maintenant, certains modèles permettent de retirer le bandeau élastique pour transformer le vêtement en modèle « post grossesse »).

> Le pantalon noir : qui va avec tout.

> Les leggings : on ne parle plus de vulgaires « caleçons » s'il vous plaît, les leggings s'adaptent aux formes… mais il faut malgré tout se tourner vers des modèles spécialement destinés aux femmes enceintes pour ne pas avoir le ventre comprimé.

> Les tuniques : elles sont très à la mode, elles sont confortables… et peuvent se porter ceinturées, une fois bébé arrivé.

> La lingerie : pour supporter la poitrine opulente que vous allez arborer pendant quelques mois, il faut du soutif' sérieux ! Avec de larges bretelles, des matières confortables et lavables. Les culottes sont aussi à la fête : en général, on mise tout sur le confort de la forme et de la matière (pour le sexy, on repassera plus tard).

> Les chaussures : rétention d'eau, déplacement du centre de gravité… ne font pas bon ménage avec les escarpins. Portez des chaussures confortables et faciles à enfiler (vous rirez moins quand il vous faudra de l'aide pour vous chausser).

Quelques *fashion faux-pas* à éviter :

> La robe col Claudine. On sait bien que vous n'avez pas été très innocente ces derniers mois, petite coquine !
> Les vêtements trop serrés, le tee-shirt trop court qui ne couvre pas le ventre, etc. Tout ce qui tendrait à montrer que vous avez subi une certaine métamorphose, mais que vous n'assumez pas.
> Les couleurs criardes : on vous repère déjà de loin.
> Les vêtements « sacs » : mieux vaut souligner ses formes, personne n'est dupe.

Les bonnes adresses :

Toutes les grandes enseignes proposent maintenant des vêtements ravissants, peu chers et qui permettent de passer avec élégance ce difficile moment dans votre vie de *fashion victim* :
http://www.kiabi.com/maternite
http://www.lahalle.com/maternite
http://www.vertbaudet.fr/future-maman.htm
Zara, H&M, C&A, Petit bateau...

Les magasins ou les marques spécialisées :
http://www.avenuedesbebes.com
http://www.seraphine.fr
http://www.mammafashion.com
http://www.enviedefraises.fr
http://www.veroniquedelachaux.fr

Les bons plans :

www.ebay.fr : source inépuisable de vêtements pas chers.
Les copines : elles sont tellement contentes de se débarrasser de leur robe tunique qu'elles vous les donnent très volontiers.
Les dépôts-ventes : surtout pour les tailles de « début de grossesse » que l'on porte vraiment peu.

Ces vêtements qui m'auront accompagnée pendant ma grossesse : ....

....

....

21e SA / 19e SG

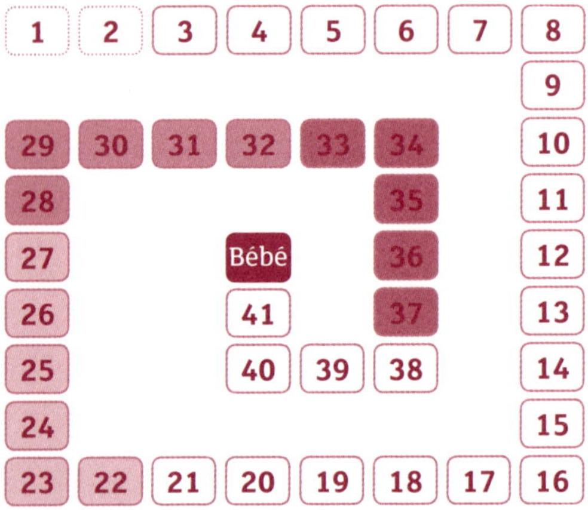

Disons que l'on commence le début de la fin.

LES AVENTURES DE MON BÉBÉ, CETTE SEMAINE.

Il bouge beaucoup... mais il dort beaucoup aussi : entre 16 et 20 heures par jour ! En revanche, il n'a aucune notion du temps, ni du rythme nuit/jour (il lui faudra d'ailleurs plusieurs semaines pour l'acquérir après la naissance). Donc, il peut se mettre à faire la bamboula quand vous, vous essayez de vous endormir...

La peau s'épaissit, même si l'on peut voir tous les capillaires sanguins à travers. Il n'a quasiment pas de couche de graisse... il est très maigrichon !

Son poids est maintenant de 335 g pour 21,5 cm.

Semaine 21 (21e SA)

Je pèse : kg

Mes sensations :

J'aime :

Je n'aime pas :

J'ai envie de :

Je n'ai pas envie de :

Et le papa, il fait quoi / il en pense quoi ?

L'anecdote de la semaine :

Mais où vais-je donc enfanter ?

Question essentielle, n'est-ce pas ?

Vous n'avez pas le choix

> À côté de chez vous, il n'y a qu'une seule maternité : c'est là que vous irez donner la vie.
> Le gynécologue qui vous suit depuis longtemps exerce dans une maternité ou vous conseille un établissement : vous suivez ses indications ! De plus, il s'occupera de toutes les démarches administratives de votre inscription, ce qui n'est pas chose négligeable...
> Vous avez une grossesse à risques et vous savez qu'il faudra vous diriger vers un établissement avec un plateau médical de niveau 2 ou 3 (voir ci-dessous pour s'y retrouver dans les niveaux).

Vous avez le choix

> Un établissement a très bonne réputation et vous voulez y accoucher : sachez que, dans certaines régions, les inscriptions se font dès les premiers jours de retard de règles...
> Vous hésitez entre l'hôpital et la clinique : plusieurs critères sont à prendre en compte pour que votre bébé naisse dans les meilleures conditions...

Le niveau de sécurité

Il diffère selon le degré de risque que présente votre grossesse. C'est votre médecin qui vous orientera vers la maternité qui vous convient :

> Niveau 1 (environ 50 % des maternités) : conviennent aux accouchements sans risques majeurs (la grande majorité des grossesses).
> Niveau 2 : pour les grossesses à risques, multiples, les menaces d'accouchement prématuré ou bébés à risques. Un service de néonatologie permet de prendre en charge l'enfant dès sa naissance.
> Niveau 3 (environ 10 % des maternités) : en général au sein de grands établissements hospitaliers, pour les naissances prématurées ou les grossesses difficiles (diabète, hypertension...). Prise en charge les prématurés nés avant 33 semaines de grossesse. Elles disposent d'une unité de réanimation néonatale afin d'hospitaliser le bébé sans le séparer de sa mère.

Public ? Privé ?

À l'hôpital

C'est une sage-femme qui procèdera à l'accouchement, l'obstétricien n'intervenant qu'en cas de complication (césarienne, épisiotomie, etc.). Les frais sont pris en charge (sauf si vous choisissez que votre médecin vous suive en particulier).

Le + : Le plateau technique permet une intervention immédiate.

Le - : Les locaux ne sont pas forcément très accueillants et les équipes subissent une grosse surcharge de travail.

Dans une clinique

Il y a un suivi plus personnalisé : c'est votre médecin qui pratique votre accouchement, en présence d'une sage-femme et d'un anesthésiste. S'il y a des complications, il peut être nécessaire de transférer votre bébé dans un service de néonatalogie différent si l'établissement n'en possède pas.

Le + : « L'hôtellerie » est plus agréable (chambre individuelle, plus de confort...).

Ce qu'il faut demander :

- ☐ L'anesthésiste et le pédiatre sont-ils présents 24h/24 ? Peuvent-ils intervenir rapidement ?
- ☐ Quel est le taux de césariennes pratiqué (selon l'Organisation Mondiale de la Santé, ce taux doit être compris entre 15 et 25 % pour un établissement de niveau 3) ?
- ☐ Quel est le taux d'épisiotomie (en dessous de 30 %) ?
- ☐ Qui va pratiquer l'accouchement ?
- ☐ Quelles sont les dates de vacances des praticiens qui vous suivent ?
- ☐ Vers quel établissement s'effectue le transfert en cas de complications ?
- ☐ Combien de jours peut-on rester à la maternité après la naissance ?
- ☐ Demandez un devis pour savoir quels frais vous allez engager.

La maternité que j'ai choisie : ....

Pourquoi ce choix ? ....

....

....

22e SA / 20e SG

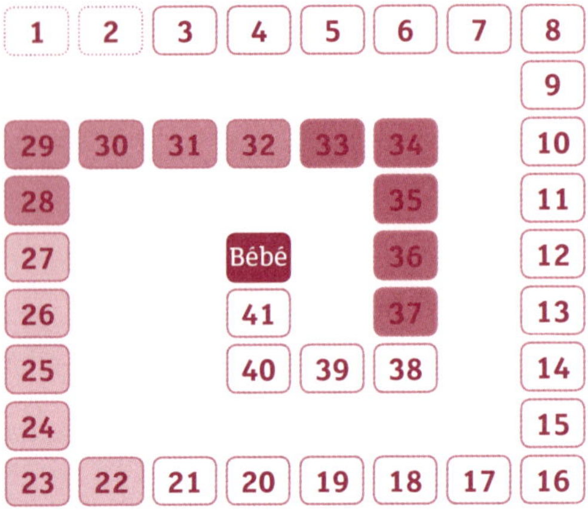

Il en reste encore quelques-unes, quand même...

LES AVENTURES DE MON BÉBÉ, CETTE SEMAINE.

Les organes poursuivent leur développement : le pancréas, par exemple, commence à sécréter de l'insuline.

Le cerveau se développe et continue à se plisser : la tête ne grossit plus aussi vite, il faut bien caser ces milliards de neurones quelque part !

Les organes sexuels continuent leur maturation : les ovaires fabriquent les cellules qui, plus tard, donneront des ovules.

Bébé a suivi une croissance prodigieuse : il mesure maintenant presque la moitié de sa taille de naissance : 22,5 cm pour 385 g.

Semaine 22 (22e SA)

Je pèse : kg

Mes sensations :

J'aime :

Je n'aime pas :

J'ai envie de :

Je n'ai pas envie de :

Et le papa, il fait quoi / il en pense quoi ?

L'anecdote de la semaine :

J'ai enviiiiiiiiiiiiiiiie !

Aaaahhhh, les envies de la femme enceinte ! Quelle belle invention ! Voilà enfin l'autorisation de céder à tous ses caprices avec la seule justification de son gros ventre...

Les envies, c'est quoi ?

Pour être franche... c'est juste une occasion de faire son intéressante ! Les études scientifiques montrent qu'en effet le corps peut réclamer un aliment dont il aurait besoin pour parer à une éventuelle carence (vous manquez de fibres, vous avez envie de manger des asperges)... mais cela reste très anecdotique.
Les bouleversements hormonaux modifient le goût et l'odorat, la femme enceinte peut se détourner d'un aliment qu'elle adore normalement ou se jeter sur quelque chose qui lui déplaisait jusque-là.
Aujourd'hui, il est facile d'accéder à tout. Mais, en des temps plus rudes, l'envie de la femme enceinte était son seul moyen de réclamer un peu d'attention... Et aujourd'hui encore, l'idée de demander au futur papa de se décarcasser un peu n'est pas sans nous déplaire...

Vous avez des envies ? Pro-fi-tez-en ! N'hésitez pas à demander (après, on vous dira d'aller cueillir vos fraises vous-même).

Mes envies : ....

....

....

....

....

Mes bizarreries gustatives : ....

....

....

....

....

Des idées reçues en veux-tu, en voilà !

De tout temps, la grossesse a fasciné. Aujourd'hui, le mystère est bien moindre (on sait tout ce qui se passe là-dedans…), mais les mythes et les idées farfelues perdurent. Tordez-leur le cou !

La pleine lune influence la date de l'accouchement (et déclencherait des ruées impressionnantes dans les allées des maternités).
Faux !!!
Votre ventre n'est pas soumis au coefficient des marées ! Aucune étude n'a montré l'influence de la lune sur les accouchements. Bébé vient au monde quand c'est le bon moment, et puis c'est tout !

Si une envie n'est pas assouvie, le bébé aura une tache.
Faux !!!
Les angiomes (tâches rouges) bénins sont très fréquents chez les bébés, ils disparaissent au bout de quelques semaines. Souvent localisés dans la nuque, on les appelle « morsures de la cigogne », ou s'ils sont entre les sourcils « baiser de l'ange »… mais n'ont absolument rien à voir avec une envie qui n'aurait pas été satisfaite.

Boire de la bière permet d'augmenter la quantité de lait.
Faux !!!
La production de lait est un système qui dépend des hormones et ne peut en aucun cas être influencée par la consommation de quoi que ce soit… et encore moins d'alcool qui est strictement interdit pendant la grossesse et l'allaitement.

Les brûlures d'estomac sont dues aux cheveux du bébé qui poussent.
Faux !
C'est un peu comme croire que la marmotte met le chocolat dans le papier alu…

Il ne faut pas croiser les jambes sinon le cordon s'enroule autour du cou de bébé.
Faux !
Ha ha ha… Faut-il vraiment donner une réponse ?

23e SA / 21e SG

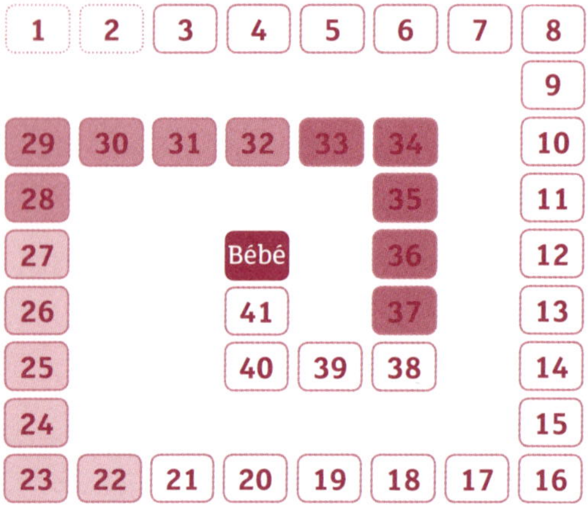

Avant, je sautais les cases pour jouer à la marelle... là, je ne pourrais plus.

LES AVENTURES DE MON BÉBÉ, CETTE SEMAINE.

Oh, des cheveux poussent sur sa tête ! (enfin, pas pour tous les bébés...)

Ses mouvements sont vraiment amples mais ils ne sont toujours pas coordonnés (ils ne le seront que plusieurs mois après la naissance... patience !)

Il parvient à sucer son pouce : outre le fait que c'est absolument délicieux, cela exerce son réflexe de succion et de déglutition, indispensables pour se nourrir dès la naissance.

Toutes ses fonctions vitales continuent leur entraînement : la respiration notamment, grâce aux mouvements de la cage thoracique qui développent toutes les alvéoles des poumons.

Il pèse 440 g pour 24 cm.

Semaine 23 (23e SA)

Je pèse : kg

Mes sensations :

J'aime :

Je n'aime pas :

J'ai envie de :

Je n'ai pas envie de :

Et le papa, il fait quoi / il en pense quoi ?

L'anecdote de la semaine :

Choisir le bon prénom...
(ou comment se torturer l'esprit en 10 leçons)

Quelle lourde responsabilité !

Méthode pour trouver le prénom magique

> Commencez à y penser longtemps à l'avance (c'est une décision qu'il faut mûrir).

> Faites des listes, chacun de votre côté.

> Dès que vous entendez ou que vous pensez à un prénom qui vous plaît, notez-le.

> Confrontez vos idées : choisissez chacun deux prénoms dans la liste de l'autre.

> Laissez le temps faire, répétez plusieurs fois ces 4 prénoms, imaginez-vous en train de les crier au jardin d'enfant, de les susurrer dans son cou, de répéter 10 fois « ...., viens dîner ! » ou « ...., va te laver les dents »... Imaginez-le quand on l'appellera au tableau, quand on lui fera une déclaration d'amour ou s'il apparaît en haut de l'affiche ! Imaginez-le à tous les âges.

> Ne vous laissez rien imposer, sur ce sujet-là, il n'est pas question de faire « plaisir » à l'autre.

> Parlez-en autour de vous... ou pas (si vous en parlez, vous allez subir des commentaires et il faudra se justifier, si vous n'en parlez pas, vous allez subir des pressions...).

Ce à quoi il faut penser

> L'association avec le nom de famille. Non seulement il faut que les deux ne soient pas discordants, mais on peut même chercher à les harmoniser (un prénom court pour un nom long et inversement, un équilibre des sonorités, etc.)

> Pensez aux initiales, qui peuvent prêter à rire.

> Ne choisissez pas une orthographe trop fantaisiste qui pourrait être un poids lourd à porter toute une vie.

> Trop d'originalité n'est pas forcément un cadeau que l'on fait à son enfant... pensez à lui avant de penser à vous.

> Suivre la mode de trop près n'est pas non plus recommandé... Évitez peut-être le top 5 des prénoms les plus donnés !

La liste de maman

Garçon	Fille

La liste de papa

Garçon	Fille

La short-list

Le prénom gagnant… :

24e SA / 22e SG

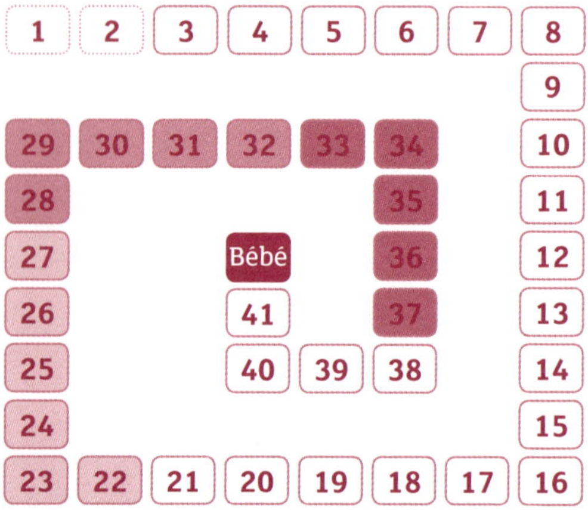

Je suis très patiente, je suis très zen, je suis très patiente, je suis très zen...

LES AVENTURES DE MON BÉBÉ, CETTE SEMAINE.

La pupille des yeux commence à prendre de la couleur, même si pour l'instant, elle est très foncée (il faudra attendre plusieurs semaines après la naissance pour juger de leur couleur définitive).
La peau se couvre d'une couche de graisse produite par les glandes sébacées – le vernix caseosa – qui restera encore accroché à sa peau après la naissance. Cette pellicule protège la peau du bébé qui baigne constamment dans le liquide amniotique.
Avec ses 500 g et ses 26 cm, bébé finit son 5e mois en beauté.

ET VOUS, ÇA VA SINON ?

Tout votre corps est passé en alerte maximale : vous êtes une vraie usine de production !
Vous devez consommer beaucoup d'oxygène : vous êtes essoufflée.
Vous produisez beaucoup d'énergie : vous avez chaud.
Votre posture a changé : avec le ventre projeté vers l'avant, vous compensez en creusant votre cambrure, c'est la silhouette caractéristique des femmes enceintes. Essayez de vous soulager en vous reposant régulièrement.

Semaine 24 (24e SA)

Je pèse : kg

Mes sensations :

J'aime :

Je n'aime pas :

J'ai envie de :

Je n'ai pas envie de :

Et le papa, il fait quoi / il en pense quoi ?

L'anecdote de la semaine :

Les questions que je veux poser au gynécologue / à la sage-femme

Mon examen médical (visite obligatoire)

Poids (officiel) : ....

Tension artérielle : ....

Hauteur utérine : ....

Fermeture du col : ....

Remarques du médecin

....
....
....
....
....

Examens complémentaires à effectuer

....
....
....
....
....

Traitement

....
....
....
....
....

La 2e échographie officielle : « Salut toi ! »

Cet examen est moins « surprenant » que le premier, pourtant, on l'attend avec autant d'impatience… C'est la dernière fois que l'on verra le bébé « en entier » à l'image. Et surtout, pour ceux qui souhaitent connaître le sexe de leur enfant, c'est le jour de la grande révélation, si ce cher ange n'est pas trop pudique.

La deuxième échographie dite « échographie morphologique »

Elle doit avoir lieu entre la 21e et la 23e SA.

Date : ……………………………………………………………………

Futur papa présent : ☐ oui ☐ non

Quelqu'un d'autre pour m'accompagner : ……………………………

Ma réaction :

☐ impatience ☐ stress ☐ surprise ☐ larmes ☐ cris de joie

On regarde quoi ?

La tête, les membres et tous les organes sont passés en revue.

Les mesures sont prises permettant de juger du bon développement du bébé : les « biométries » (circonférence de la tête, de l'abdomen, taille du fémur) sont comparées à celle de la première échographie.

Le cœur est étudié attentivement.

On observe son comportement, sa mobilité, sa déglutition.

On mesure l'épaisseur du placenta, le volume du liquide amniotique et le cordon ombilical pour vérifier la circulation sanguine et les échanges mère/enfant.

Si le bébé est bien positionné, on peut découvrir son sexe.

Certaines images peuvent montrer un vrai portrait du bébé…

Ressenti lors de cette échographie : ……………………………

……………………………………………………………………

……………………………………………………………………

On connaît le sexe ! Réaction : ……………………………

……………………………………………………………………

Les images de la deuxième échographie

Collez ici les clichés de l'échographie.

Taille du fémur : ....

Périmètre abdominal (PA) : ....

Diamètre de la tête (BIP) : ....

(Collez ici une photo de votre ventre. Essayez de prendre le cliché toujours au même endroit, avec les mêmes vêtements et le même éclairage… l'effet « poussée de bidon » sera plus saisissant !)

6e mois

25ᵉ SA / 23ᵉ SG

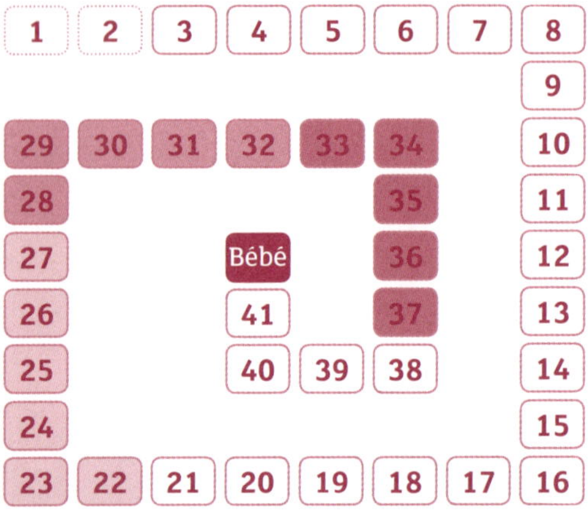

Ce n'est pas que le temps commence à être long, mais...

LES AVENTURES DE MON BÉBÉ, CETTE SEMAINE.

Voilà, maintenant, votre enfant a une identité sexuelle très claire ! Pour les petites filles, tout l'appareil génital est formé. Pour les petits garçons, les testicules sont encore très remontés dans la cavité abdominale (ils descendront vers le 8ᵉ mois de grossesse ou même après la naissance).

Les dents commencent à se recouvrir d'ivoire.

Le câblage de tout le système nerveux continue à se perfectionner : les neurones se relient et se connectent afin de couvrir l'ensemble du corps.

À partir de cette semaine et jusqu'à la 28ᵉ SA, le bébé, s'il naissait, serait considéré comme un très grand prématuré (avec des chances faibles de survie et des risques élevés de séquelles).

Bébé mesure 28 cm pour 560 g.

Semaine 25 (25e SA)

Je pèse : kg

Mes sensations :

J'aime :

Je n'aime pas :

J'ai envie de :

Je n'ai pas envie de :

Et le papa, il fait quoi / il en pense quoi ?

L'anecdote de la semaine :

« Comme t'y es belle ! » (Bande d'hypocrites !)

Ok, tout le monde va vous trouver très épanouie, très lumineuse, très pulpeuse. Mais disons le clairement, vous n'allez pas forcément vous sentir au top de votre beauté pendant quelques mois…

> Ce qui va bien

La mine : Elle sera bonne ! L'afflux des hormones permet une meilleure irrigation sanguine de la peau… Vous avez le rose aux joues ! Comme vous mangez très équilibré, votre teint s'en ressent…

La poitrine : Elle augmente de volume et vous offre un décolleté intéressant. Les seins sont en général assez douloureux, donc, monsieur ne peut pas trop en profiter… mais chuuuuuut, ça, on n'en parle pas !

Les cheveux : La chute des cheveux est quasi interrompue pendant la grossesse, donc, vous avez l'impression de gagner en volume. Attention à l'après-accouchement lorsque tous les cheveux qui auraient dû tomber progressivement quittent votre crâne tous en même temps…

Les ongles : Ils durcissent et poussent facilement… Ça vous réjouit, non ?

> Ce qui ne va pas très bien (mais, promis, on ne vous le fera pas remarquer)

L'acné : Toujours sous l'influence des hormones, la peau peut être perturbée et vous faire revivre les meilleures heures de votre adolescence. Les épaules n'échappent pas à ce phénomène ultra glamour.

Les vergetures : Ce sont des cicatrices internes de la peau soumise aux influences des hormones et de la traction (la peau peut s'étirer… jusqu'à un certain point).

Le masque de grossesse : Lors d'une exposition au soleil et sous l'influence de ces (satanées) hormones, une hyperpigmentation de la peau peut apparaître sur le front, les joues, les tempes, le contour de la bouche. Elle disparaît progressivement quelques mois après l'accouchement (votre dermatologue peut prescrire une crème dépigmentante).

Les poils : Ils peuvent connaître une envie d'envahir des territoires jusque-là ignorés (les seins, le ventre…).

Comme t'y es belle ! (On va tout faire pour)

Hy-dra-ta-tion !

C'est le maître mot de votre *beauty routine* pendant toute la parenthèse enchantée.

Non seulement la peau doit s'étirer, mais elle souffre aussi de sécheresse sous l'influence hormonale.

Vous aurez peut-être besoin d'un soin visage plus riche. Attention à utiliser des produits non comédogènes, puisque la peau est aussi sujette aux boutons pendant la grossesse (toutes ces réjouissances en même temps, c'est trop !).

Pour le corps, l'utilisation d'une crème riche est indispensable. Si vous aimez la texture de l'huile, n'hésitez pas : il faut masser plus longuement mais la peau est vraiment bien nourrie.

➜ **À savoir !**

La veille et le jour d'une échographie, n'utilisez pas de crème hydratante sur votre ventre, cela pourrait gêner l'examen.

Pour prévenir les vergetures qui, malheureusement, apparaîtront sûrement, essayez de limiter la prise de poids et surtout de limiter les écarts rapides.

Utilisez des shampoings doux pour entretenir vos cheveux dopés par les hormones.

Vous pouvez continuer vos colorations : aujourd'hui, les produits sont sans ammoniaque et ne sont pas nocifs pour le bébé. Malgré tout, vos cheveux peuvent réagir différemment et la couleur peut tenir moins longtemps par exemple.

Protégez-vous du soleil ! C'est le seul moyen de prévenir le masque de grossesse... Utilisez de l'écran total si vous vous exposez malgré tout.

Prenez soin de vos gencives. Elles peuvent être fragilisées. Utilisez des dentifrices pour dents sensibles, pratiquez des bains de bouche, etc. Sourire éclatant garanti.

26e SA / 24e SG

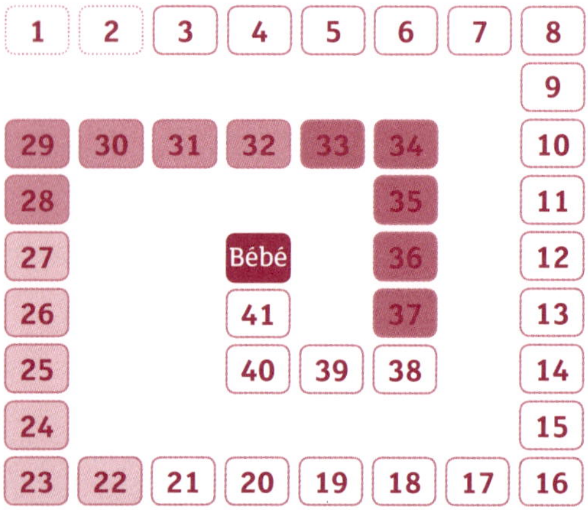

Tiens, j'avais presque oublié où j'en étais !

LES AVENTURES DE MON BÉBÉ, CETTE SEMAINE.

Quand il ne dort pas, bébé bouge beaucoup, mais ses mouvements sont toujours involontaires.

Dès maintenant, il va commencer à grossir : pour l'instant, il était bien maigrichon… le poids que vous allez prendre commence à se justifier !

Des ongles se forment au bout de ses doigts et de ses orteils.

Il pèse maintenant 650 g pour 30 cm.

Semaine 26 (26e SA)

Je pèse : kg

Mes sensations :

J'aime :

Je n'aime pas :

J'ai envie de :

Je n'ai pas envie de :

Et le papa, il fait quoi / il en pense quoi ?

L'anecdote de la semaine :

Sein ou biberon...

Allaitement ou biberon, voilà un sujet de méditation intéressant ! Peut-être votre opinion est-elle déjà faite et vous n'avez pas besoin de réfléchir, peut-être avez-vous besoin de peser le pour et le contre, peut-être allez-vous essayer l'allaitement et voir si cela vous convient... Toujours est-il que cette décision, il n'y a qu'une seule personne pour la prendre : VOUS !

Y'a du pour et y'a du contre...

L'allaitement	Le biberon
Le lait maternel est le meilleur aliment qui soit pour le bébé : il couvre tous ses besoins nutritionnels, lui apporte les anticorps qui lui font défaut, et évolue au fil de la journée ou des mois pour suivre l'évolution du bébé.	Les enfants nourris au biberon se portent également très bien et rien ne permet de dire, dans une cour de récréation, que tel enfant a été allaité ou a bu des biberons.
Le lait maternel est toujours disponible, en quantité suffisante, prêt à l'emploi.	Avec le biberon, le papa peut se lever la nuit pour relayer la maman.
Le lait maternel est économique et pratique. On n'a pas besoin de matériel, un réel avantage.	Le biberon palie la mise en place parfois difficile de l'allaitement (mauvaise position, crevasses, engorgement...).
Au sein, la mère partage un moment privilégié avec l'enfant.	Au biberon, on peut aussi créer une « bulle » de douceur et échanger des regards et de la tendresse.
Au sein, on ne sait pas quelle quantité de lait l'enfant a pris.	Avec le biberon, il est rassurant de voir la quantité de lait absorbée.
L'allaitement « à la demande » est plus respectueux des besoins de l'enfant.	Avec le biberon, vous pouvez plus facilement maîtriser le rythme des repas (en suivant les conseils du pédiatre, bien entendu).
Vous pouvez allaiter votre enfant jusqu'à la reprise de votre travail ou prolonger au-delà, grâce aux dispositions légales qui vous autorisent des aménagements de votre temps de travail.	Avec le biberon, on peut confier son enfant plus facilement, à moins de tirer votre lait pour le donner en biberon à la baby-sitter.

Je teste ma motivation

Je sais d'ores et déjà quelle sera ma décision !
Je veux ☐ allaiter ☐ donner le biberon ☐ Non, je ne sais pas !

Le futur papa a son opinion !
Il aimerait que votre bébé soit nourri ☐ au sein ☐ au biberon

Je ne sais pas trop ce que je vais faire...
☐ l'allaitement me tente mais j'ai peur que cela ne se passe pas bien
☐ j'ai très envie d'essayer, pour ne pas avoir de regrets
☐ je suis pudique et je pense ne pas être à l'aise en allaitant

☐ finalement, bébé aura été allaité pendant ....
☐ il aura pris le biberon tout de suite.
☐ le sevrage aura eu lieu à .... *(âge)*.

On va chercher à vous influencer, c'est sûr !

> Le futur papa a sans doute son avis à donner.
> Vos copines qui sont passées par là ont plein d'anecdotes.
> Votre belle-mère a forcément une opinion sur le sujet.
> Les pro-allaitements ont plein d'arguments.
... mais vous seule pouvez savoir ce que vous avez envie de faire.

Dites-vous bien qu'un allaitement forcé est voué à l'échec. Ne pas allaiter son bébé ne signifie pas que l'on est une mauvaise mère. Si vous n'êtes pas prête, si une petite voix intérieure vous dit « je n'ai pas envie », écoutez-la, votre bébé ne vous en voudra pas.

➔ ***Idée reçue : l'allaitement abîme les seins ?***
Ce n'est pas l'allaitement en soi qui peut abîmer la poitrine, mais plutôt les mauvaises positions prises par la mère, ou par la bouche de l'enfant sur l'aréole, qui occasionnent crevasses et douleurs. C'est surtout la prise et la perte de poids rapides qui font des dégâts.

27e SA / 25e SG

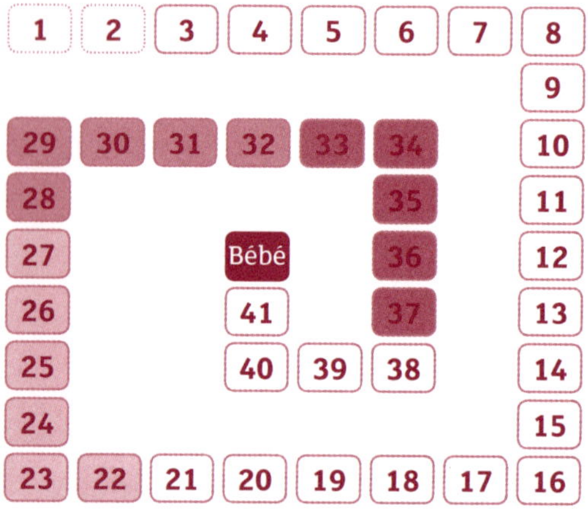

Le compte à rebours final, ce n'est pas encore pour tout de suite.

LES AVENTURES DE MON BÉBÉ, CETTE SEMAINE.

Les cellules adipeuses font du bon boulot : bébé commence à s'enrober. Il n'est pas encore dodu, mais on avance à grands pas.
Le système nerveux finit de se perfectionner : les nerfs se relient maintenant avec la moelle épinière et de ce fait, les sensations sont mieux perçues. Il sent, touche, goûte son environnement... et toutes ces expériences lui apprennent beaucoup !
32 cm pour 750 g : ça commence à être du sérieux !

Semaine 27 (27e SA)

Je pèse : kg

Mes sensations :

J'aime :

Je n'aime pas :

J'ai envie de :

Je n'ai pas envie de :

Et le papa, il fait quoi / il en pense quoi ?

L'anecdote de la semaine :

La valise est prête !

Quel plaisir de préparer les premières affaires de votre bébé d'amour... Au 7e mois, votre valise doit être prête, facile à emporter en cas d'urgence !

Les papiers administratifs (à garder à portée de main)

> Livret de famille ou reconnaissance anticipée
> Cartes d'identité du père et de la mère
> Carte vitale
> Carte de mutuelle
> Papiers de préinscription à la maternité
> Carte du groupe sanguin (avec la double détermination)
> Dernier bilan sanguin (facultatif)

Pour le bébé : partons du principe que l'on prévoit « large » pour les quantités. Vous ne savez pas à l'avance combien de temps vous allez rester à la maternité et on ne peut pas y faire de lessive...

Vêtements :

> body : prévoyez-en 4 à 8
> gilet en laine : selon la saison. Mais même en été, il en faut un pour les quelques heures qui suivent la naissance (le système de régulation thermique du bébé n'est pas encore au point)
> bonnet en coton : idem (il se refroidit très vite par la tête)
> dors-bien ou pyjamas (avec ouverture sur le devant) : 6 à 8 en hiver
> chaussettes
> gigoteuse ou surpyjama : pour les bébés d'hiver (en prévoir 2)
> bavoirs : en prévoir 8 (même pour l'allaitement au sein)
> langes en tissu : servent à tout ! Seront recyclés en torchon ensuite
> serviettes de toilette : en prévoir 6
> couches 1er âge : prenez de la qualité, la peau du nourrisson est fragile.

Trousse de toilette : certains produits vous seront fournis, vous en trouverez d'autres dans les valisettes remplies d'échantillons... mais vous pouvez quand même emporter les produits de votre choix.

> gel lavant hypoallergénique (spécialement formulé pour bébé)
> lait de toilette + carrés de coton
> petite brosse à cheveux très douce
> dosettes de sérum physiologique et d'éosine aqueuse.

Pour la maman

Vêtements :

> un tee-shirt à manches courtes pour l'accouchement
> une tenue par jour : prévoir du simple, confortable et pratique (ouvertures sur le devant pour l'allaitement)
> un peignoir : pratique si la douche n'est pas dans la chambre
> un vêtement chaud : quand on est fatiguée, on est plus frileuse
> des chaussons, ou quelque chose de confortable pour vous promener dans les couloirs
> des chaussettes : il fait souvent frais en salle d'accouchement
> des culottes jetables en filet : glamour !
> deux soutiens-gorge d'allaitement, des coussinets absorbants, de la crème cicatrisante (ne nécessitant pas d'être rincée)
> des serviettes de toilette : 1 grand drap de bain et 2 serviettes éponges

Trousse de toilette : gel douche, shampoing, dentifrice, brumisateur, lingettes démaquillantes, crème visage et lait pour le corps, déodorant, petit nécessaire de maquillage (mascara, blush, gloss par exemple), sèche-cheveux.

De quoi se divertir : un lecteur MP3, des magazines, un livre (que vous ne lirez pas) et un carnet de note (pour noter des indications, des références de produits, des conseils…).

De quoi se régaler : des petites gourmandises… parce que les plateaux-repas sont vraiment déprimants.

Pour le papa

> des magazines
> un appareil photo (et son chargeur)
> une petite caméra
> une console de jeux (si le temps est long)
> le chargeur du téléphone portable
> des mouchoirs jetables
> une tenue de rechange (s'il passe la nuit entière avec vous)

N'oubliez pas un sac à linge sale… qui se remplira très vite !

28e SA / 26e SG

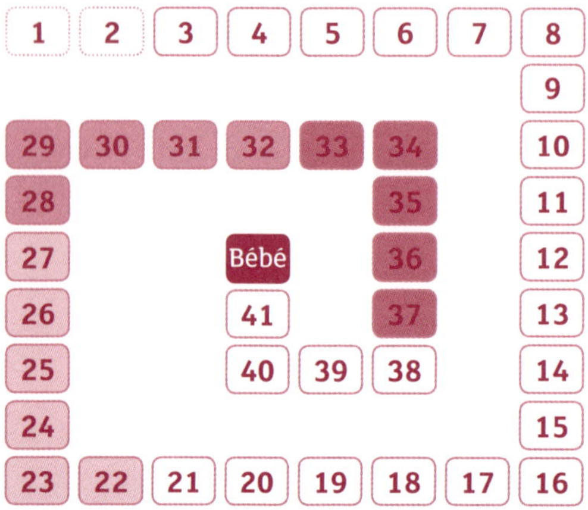

Si je regarde en arrière, je me rends compte que j'ai déjà fait la majeure partie du chemin.

LES AVENTURES DE MON BÉBÉ, CETTE SEMAINE.

Ses petites quenottes qui, pour l'instant sont bien cachées au fond de sa gencive, se recouvrent maintenant d'émail.

Tout son corps s'entraîne à la vie post-naissance : les poumons se remplissent et se vident pour bien développer toutes les alvéoles pulmonaires, les reins et la vessie filtrent et éliminent en permanence... des mois de préparation pour pouvoir être opérationnel le jour J !

À partir de cette semaine et jusqu'à la 32e SA, le bébé, s'il naissait, serait considéré comme un grand prématuré.

On grossit, on grossit... 870 g pour 33 cm.

ET VOUS, ÇA VA SINON ?

Votre ventre s'est bien développé : votre utérus arrive au-dessus de votre nombril et votre cambrure s'est accentuée.

Vous avez pris entre 4 à 6 kilos...

Beaucoup plus ? Il vaudrait mieux essayer de modérer la prise de poids pour ne pas trop souffrir ensuite. Essayez de modérer votre appétit, vous vous en féliciterez plus tard !

Semaine 28 (28e SA)

Je pèse : kg

Mes sensations :

J'aime :

Je n'aime pas :

J'ai envie de :

Je n'ai pas envie de :

Et le papa, il fait quoi / il en pense quoi ?

L'anecdote de la semaine :

Les questions que je veux poser au gynécologue / à la sage-femme

Mon examen médical (visite obligatoire)

Poids (officiel) : ....

Tension artérielle : ....

Hauteur utérine : ....

Fermeture du col : ....

Remarques du médecin

....

....

....

....

....

Examens complémentaires à effectuer

....

....

....

....

....

Traitement

....

....

....

....

....

(Collez ici une photo de votre ventre. Essayez de prendre le cliché toujours au même endroit, avec les mêmes vêtements et le même éclairage… l'effet « poussée de bidon » sera plus saisissant !)

7e mois

29e SA / 27e SG

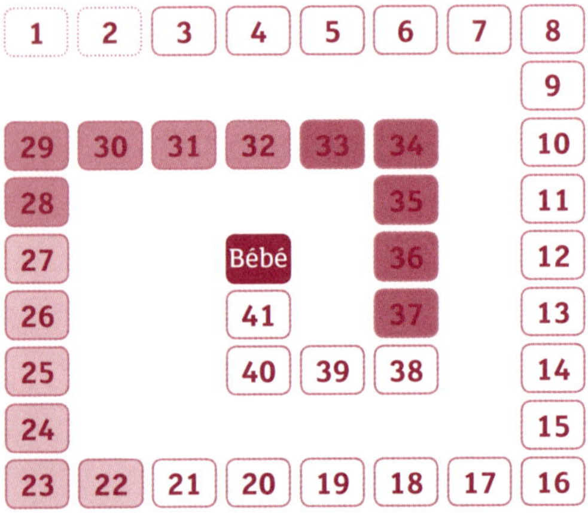

Allez zou ! Le rush final ! Enfin… presque !

LES AVENTURES DE MON BÉBÉ, CETTE SEMAINE.

À partir de maintenant, il n'y aura plus vraiment de grandes nouveautés.

Les organes se développent, le bébé grandit et grossit… et vous, vous attendez !

Bébé pèse 1 kg pour 34 cm.

Semaine 29 (29e SA)

Je pèse : kg

Mes sensations :

J'aime :

Je n'aime pas :

J'ai envie de :

Je n'ai pas envie de :

Et le papa, il fait quoi / il en pense quoi ?

L'anecdote de la semaine :

Qu'est-ce qu'il faut comme matos !

L'équipement nécessaire à un bébé est inversement proportionnel à sa taille... plus il est petit, plus il en faut ! Il y a des choses vraiment indispensables, mais d'autres sur lesquelles vous pourrez faire l'impasse. Pour un bébé, on veut ce qu'il y a de plus beau... mais restez réaliste ! Vous ne vous servirez pas longtemps de ce matériel : seule la sécurité compte. L'esthétique est moins importante !

Cochez les cases au fur et à mesure.

Shopping list « dodo »

- ☐ Berceau ou lit à barreaux (préférez un sommier à hauteur variable). Les premiers temps, la nacelle de la poussette peut servir de lit.
- ☐ Matelas en mousse hypoallergénique
- ☐ Alèses imperméables pour protéger le matelas
- ☐ Draps-housses
- ☐ Gigoteuses
- ☐ Meubles de rangement
- ☐ Écoute-bébé
- ☐ Mobile musical
- ☐ Transat (pour savoir où le poser quand il ne dort pas)
- ☐ Lit parapluie pour les déplacements

Shopping list « miam miam »

Au tout début

- ☐ Bavoirs en quantité
- ☐ Biberons (en plastique) et tétines à la bonne taille
- ☐ Goupillon
- ☐ Égouttoir à biberon (hyper pratique)
- ☐ Stérilisateur (spécial micro-onde, le moins encombrant)
- ☐ Chauffe-biberon (facultatif) ou ☐ Coussin d'allaitement

Pour plus tard

- ☐ Chaise haute
- ☐ Robot cuiseur-mixeur

Shopping list « plouf plouf »

- ☐ Baignoire en plastique
- ☐ Transat de bain
- ☐ Cape ou burnou (serviette avec une capuche)
- ☐ Serviettes de bain
- ☐ Thermomètre de bain
- ☐ Matelas à langer
- ☐ Table ou plan à langer

Shopping list « vroum vroum »

- ☐ Siège auto groupe « 0 » ou « 0+ » (ou coque de poussette se transformant en siège auto)
- ☐ Poussette (préférez un modèle pratique, léger, facilement pliable et pouvant recevoir l'enfant le plus longtemps possible. Formule « 3 en 1 » à privilégier)
- ☐ Porte-bébé (que l'on peut utiliser même à la maison, pour avoir les mains libres...)
- ☐ Sac à langer

➜ Les astuces !

> Les listes de naissance sont faites pour ça !
Pour éviter de se retrouver avec 24 doudous et 45 pyjamas... et surtout pour se voir offrir des objets à son goût et dont on a besoin, la liste de naissance est d'une grande utilité. En plus, vous évitez aux amis et à la famille de se casser la tête...

> Louez le matériel dont vous n'aurez pas besoin longtemps.
Un tire-lait par exemple, ou un pèse-bébé (très rarement utile) ne valent pas la peine d'être achetés. Les pharmacies assurent souvent la location de ce type de produits.

> Faites le tour des copains !
Il est courant de récupérer ou de se faire prêter les objets qui ont peu servi (le lit parapluie, le youpala par exemple). Un seul mot d'ordre : vérifier la sécurité du matériel. Les vêtements peu portés peuvent aussi passer d'un enfant à un autre. En général, on est content de donner les affaires de ses enfants...

> Internet est une vraie caverne d'Ali Baba !
Les sites d'enchères ou de petites annonces locales sont une mine de bonnes affaires.

30e SA / 29e SG

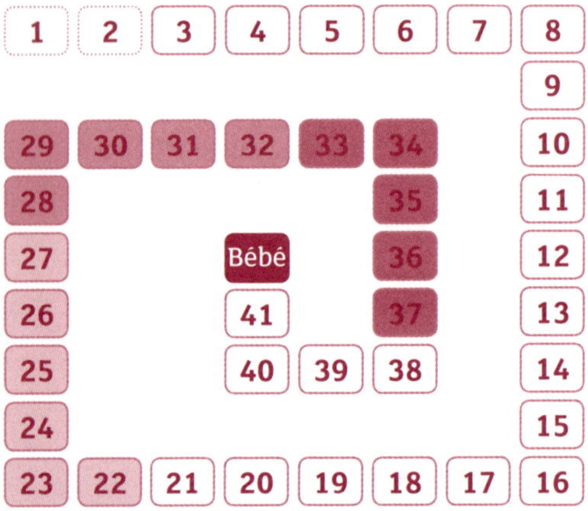

Youpi !!! J'entame une nouvelle dizaine !

LES AVENTURES DE MON BÉBÉ, CETTE SEMAINE.

À force de s'entraîner, le système respiratoire est plus coordonné : les mouvements respiratoires sont plus amples, plus réguliers et plus lents.

La régulation thermique se met au point : pourtant, elle sera encore très imparfaite à la naissance (il faudra vite couvrir le bébé, notamment sa tête, pour qu'il ne se refroidisse pas).

1,15 kg et 35 cm... admirable !

Semaine 30 (30e SA)

Je pèse : kg

Mes sensations :

J'aime :

Je n'aime pas :

J'ai envie de :

Je n'ai pas envie de :

Et le papa, il fait quoi / il en pense quoi ?

L'anecdote de la semaine :

La chambre de bébé ou le temple du nounours sacré

Que vous ayez une chambre réservée pour lui ou que vous aménagiez un petit coin chez vous à son attention, le nid de bébé sera une excellente occasion de développer vos talents de décoratrice !

La déco

> Sol facile d'entretien (si de la moquette est installée, shampoui-nez-la)
> Murs aux couleurs tendres (ambiance douce) ou pétantes (ambiance gaie)
> Stickers et accessoires permettent de changer régulièrement la déco sans gros frais
> Produits non toxiques (peinture spéciale chambre de bébé)

Les meubles

Le lit

> Veillez aux normes de sécurité
> Choisissez un modèle pratique (avec différentes hauteurs pour éviter de se baisser) et de préférence évolutif

La table/le plan à langer

> Veillez aux normes de sécurité, ainsi qu'à la stabilité
> Tous les produits doivent être à portée de main
> Praticité : installez le plan à bonne hauteur pour ne pas vous faire mal au dos.

Des rangements

> Ils doivent être nombreux : les affaires de bébé vont se multiplier très vite !
> Choisissez des solutions modulables, empilables et peu fragiles

La sécurité

Très vite, il va falloir sécuriser tout l'espace : Cache-prises, bloque-porte, protection de four, coins plastifiés pour les angles de table, barrière d'escalier, cadenas pour placards (armoire à pharmacie ou rangement des produits de nettoyage...).

Mes couleurs préférées pour la chambre de bébé :

- ☐ Prune/mauve/violet
- ☐ Orange
- ☐ Vert anis
- ☐ Fuchsia
- ☐ Bleu
- ☐ Autre : ....

....

Ce que je mets aux murs (tableaux, posters, stickers...)

....

....

....

Qui s'occupe des travaux ?

....

....

....

Qui s'occupe de la déco ?

....

....

....

Quel est l'objet qui me plaît le plus dans cette chambre ?

....

....

....

31e SA / 29e SG

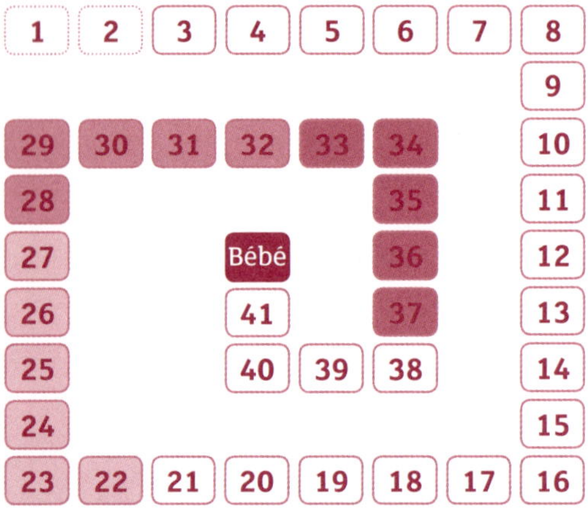

Heureusement que je ne suis pas un cachalot (14 mois de gestation)...

LES AVENTURES DE MON BÉBÉ, CETTE SEMAINE.

Oh ! Ses paupières peuvent s'ouvrir ! Mais cela ne sert pas à grand-chose, étant donné qu'il est plongé dans le noir...
Grâce au développement de ses sens, il reconnaît les sons. En revanche, dire qu'il peut identifier les voix est un peu hasardeux : à travers le liquide amniotique, elles sont effectivement très déformées. Vous entendez quelque chose, vous, quand vous avez la tête sous l'eau ?
Il peut avoir le hoquet... et vous le sentez très bien !
Bébé mesure 36 cm et pèse 1,3 kg.

Semaine 31 (31e SA)

Je pèse : kg

Mes sensations :

J'aime :

Je n'aime pas :

J'ai envie de :

Je n'ai pas envie de :

Et le papa, il fait quoi / il en pense quoi ?

L'anecdote de la semaine :

Les petits trucs bizarres que fait une femme enceinte

Vous l'avez remarqué, vous n'êtes pas dans votre état normal, heureusement que ça ne dure pas toute la vie quand même... 9 mois ça va, 104 ans, ça ferait long.

Vous allez sûrement faire des choses que vous n'avez pas l'habitude de faire, avoir des réactions étranges, des goûts qui viendront d'on ne sait où...
Notez-les, car une fois que vous aurez réintégré votre Moi « normal » (enfin, maintenant, votre Moi de Mère), vous risquez d'oublier ces instants de grâce...

Anecdotes de copines

Salomé, 42 ans : « Moi qui suis une geek absolue, je me suis mise à une activité pas vraiment branchée : le point de croix. J'ai réalisé six abécédaires pendant mon congé maternité ! Enfin, j'allais quand même chercher des grilles sur Internet... Après, je n'ai plus jamais touché une aiguille. »

Karine, 27 ans : « Est-ce la perspective d'avoir à nourrir prochainement mon bébé, mais j'ai eu très envie de créer un potager dans le jardin. Nous qui nous contentions de ne pas nous laisser envahir par les herbes folles, nous avons créé un vrai potager avec carottes, courgettes et haricots verts. Mon ventre m'empêchait de me pencher mais j'attends de pied ferme les premières récoltes qui finiront en purée pour Léopold. »

Macha, 33 ans : « J'ai écouté Mozart pendant 6 mois. Pas la comédie musicale. Le compositeur ».

Notez ici toutes les choses étranges que vous avez faites pendant votre grossesse :

32e SA / 30e SG

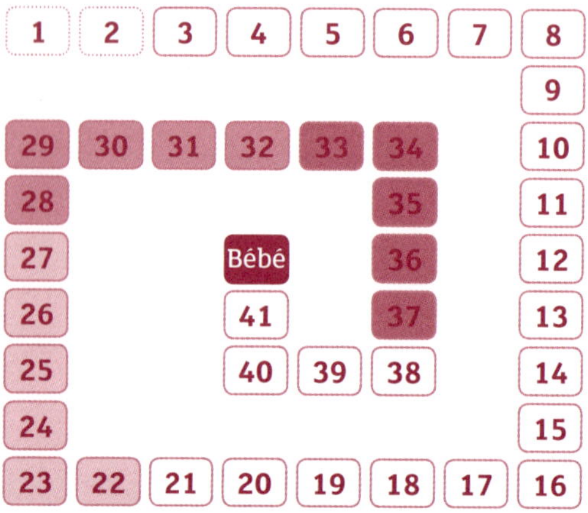

Où est la télécommande pour accélérer le temps ?

LES AVENTURES DE MON BÉBÉ, CETTE SEMAINE.

À force de se développer et de grossir, il prend de plus en plus de place… à tel point que votre ventre commence à devenir un espace trop exigu.

Ses mouvements sont plus réduits et la quantité de liquide amniotique diminue un peu pour qu'il puisse occuper l'espace.

À partir de maintenant, si le bébé naissait, il serait un prématuré (jusqu'à la 37e SA).

Il approche désormais les 37 cm et pèse près de 1,5 kg.

ET VOUS, ÇA VA SINON ?

Vous commencez à vraiment grossir : tout ce que vous absorbez est transformé en énergie qui profite au bébé. Veillez à vous alimenter régulièrement : vous êtes un peu comme une chaudière, il ne faut pas qu'il y ait de pénurie de carburant !

Vos seins sont prêts ! Si vous souhaitez allaiter, tout est opérationnel.

Vous ralentissez vos activités, vous avez perdu le dynamisme qui vous plaisait bien au 2e trimestre.

Semaine 32 (32e SA)

Je pèse : kg

Mes sensations :

J'aime :

Je n'aime pas :

J'ai envie de :

Je n'ai pas envie de :

Et le papa, il fait quoi / il en pense quoi ?

L'anecdote de la semaine :

Les questions que je veux poser au gynécologue / à la sage-femme

Mon examen médical (visite obligatoire)

Poids (officiel) : ....

Tension artérielle : ....

Hauteur utérine : ....

Fermeture du col : ....

Remarques du médecin

....

....

....

....

....

Examens complémentaires à effectuer

....

....

....

....

....

Traitement

....

....

....

....

....

(Collez ici une photo de votre ventre. Essayez de prendre le cliché toujours au même endroit, avec les mêmes vêtements et le même éclairage… l'effet « poussée de bidon » sera plus saisissant !)

8e mois

33e SA / 31e SG

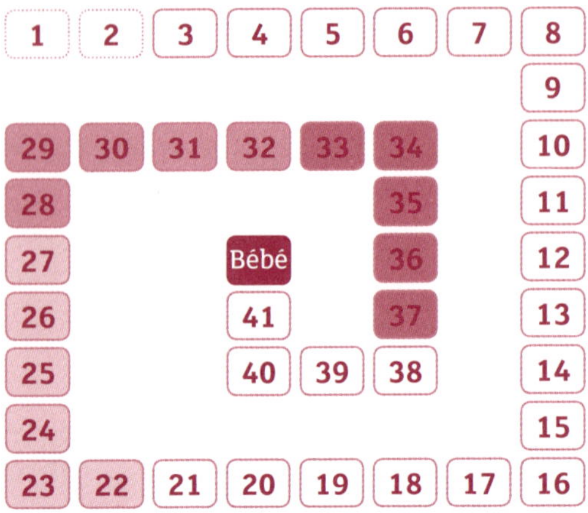

Allez, je saute une case, ni vue ni connue…

LES AVENTURES DE MON BÉBÉ, CETTE SEMAINE.

Oh la la, cette maison commence vraiment à être étroite… Bébé occupe tout l'espace et sent venir le moment où il sera complètement bloqué. C'est le moment de se mettre en position définitive (la tête en bas, comme 95 % des bébés) pour être prêt à sortir. Pour certains, ça ne se passe pas comme ça : la position « en siège », « par la face » ou « en travers » occasionne le plus souvent des césariennes. Si votre bébé est mal positionné, on vous proposera sans doute de faire une « tentative de version » manuelle : sous monitoring, la sage femme presse sur votre ventre avec des mouvements rotatifs pour indiquer au bébé qu'il faut changer de place… très impressionnant, et pas toujours efficace ! Maintenant, il pèse 1,7 kg pour 39 cm.

Semaine 33 (33e SA)

Je pèse : kg

Mes sensations :

J'aime :

Je n'aime pas :

J'ai envie de :

Je n'ai pas envie de :

Et le papa, il fait quoi / il en pense quoi ?

L'anecdote de la semaine :

Se préparer pour le grand jour

La grossesse, c'est un peu comme un marathon… des mois de préparation et un rush final ! Alors, comme une grande sportive, il faut vous préparer un mental d'acier et un corps prêt à l'effort…

La préparation à l'accouchement, ça sert à quoi ?

À se rassurer. Si les séances de préparation ne sont pas obligatoires, elles permettent surtout d'échanger, de poser des questions, de parler de ses angoisses… plus encore que d'apprendre à respirer. Et ce n'est pas la perspective d'une péridurale qui peut vous dispenser d'avoir besoin d'informations sur l'accouchement…
Huit séances de préparation avec une sage-femme sont prises en charge par la Sécurité sociale, cependant toutes les méthodes ne sont pas remboursées. Prenez contact avec votre Caisse pour connaître les modalités.

Plusieurs méthodes

Pour dédramatiser : l'accouchement sans douleur ou psychoprophylaxie

On connaît le déroulement de l'accouchement, on comprend ce qui va se passer, on apprend à maîtriser la douleur en limitant les tensions grâce, notamment, à la respiration. À pratiquer dès le 7e mois. Les cours peuvent être collectifs ou individuels.

Pour méditer : le yoga

Prendre conscience de toutes les parties de son corps, dominer ses émotions, maîtriser sa respiration… un travail complet et en profondeur pour une préparation très relaxante. On peut le pratiquer dès le 4e mois.

Pour se détendre, se détendre, se dét….zzzz : la sophrologie

En suivant la voix de la sage-femme, vous apprenez à détendre toutes les parties de votre corps, à prendre conscience de votre utérus, de vos muscles… et plongez dans une profonde relaxation qu'il sera utile de continuer à pratiquer une fois que vous aurez accouché ! À pratiquer dès le début du 3e trimestre.

Pour flotter dans le bien-être : la gymnastique aquatique
Porté par l'eau, le corps peut éliminer toutes les tensions, notamment au niveau des lombaires, ce qui peut apporter un réel soulagement. Les exercices permettent de tonifier les muscles en douceur et de travailler sur la respiration. Il faut présenter un certificat de non contre-indication.
Les séances peuvent être prises en charge si elles sont assurées par une sage-femme.

Pour entrer en contact : l'haptonomie
Ce n'est pas vraiment une méthode de préparation, mais plutôt une façon de communiquer avec le bébé. Par des massages, des positionnements de main sur le ventre, le père et la mère entrent en relation avec l'enfant : en le faisant bouger, il se positionne de façon à soulager la maman. L'haptonomie n'est pas compatible avec le yoga ou la sophrologie et ne convient pas aux femmes dont le col de l'utérus est déjà ouvert.

Pour avoir de bonnes vibrations : le chant prénatal
Il ne s'agit pas à proprement parler d'une préparation à l'accouchement mais d'une façon de communiquer avec le bébé grâce à l'impact des sons et des résonnances au niveau du bassin. Les vibrations massent le bébé. Avec le travail sur le souffle, on maîtrise mieux sa respiration.

Pour tester une méthode récente : le watsu
Cette méthode associe des techniques de massage et des étirements en milieu aquatique : c'est l'alliance de l'eau (*water*) et du shiatsu.
Le thérapeute vous aide à vous allonger dans l'eau, ce qui soulage déjà toutes les tensions des lombaires, et vous masse la tête et le reste du corps, vous faisant faire des étirements très bénéfiques.

Ma préparation à l'accouchement

Méthode : ....

Nombre de séances : ....

Mon expérience :

- ☐ J'ai beaucoup appris / cela m'a été très utile
- ☐ Je n'ai pas trouvé ça très utile
- ☐ Je n'ai pas persévéré

34e SA / 32e SG

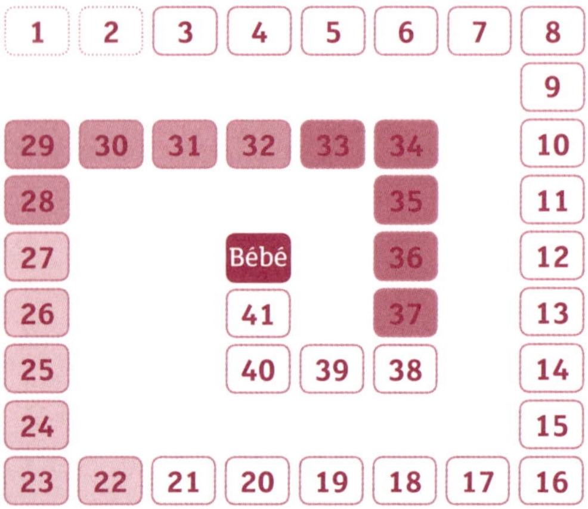

Non, non, ce n'est pas pour tout de suite, merci de me le rappeler.

LES AVENTURES DE MON BÉBÉ, CETTE SEMAINE.

L'ossature de bébé se renforce de jour en jour... Il lui faut du calcium et encore du calcium ! Il puise directement dans vos réserves...
Il commence à se faire une beauté : ses ongles poussent, et grâce à sa couche de graisse, il se défripe un peu.
Les hormones fabriquées par les glandes surrénales du bébé envoient des messages à votre corps pour qu'il fabrique du colostrum, l'aliment qui précède le lait pour l'allaitement.
Il pèse maintenant 2 kg pour 40,5 cm.

Semaine 34 (34e SA)

Je pèse : kg

Mes sensations :

J'aime :

Je n'aime pas :

J'ai envie de :

Je n'ai pas envie de :

Et le papa, il fait quoi / il en pense quoi ?

L'anecdote de la semaine :

La baby shower ou comment se faire arroser de cadeaux !

Cette tradition américaine devient de plus en plus tendance chez nous...

Une *baby shower party*, c'est quoi ?

> Cette fête, organisée par la future maman ou par ses amies, célèbre la « naissance d'une mère ». Celle-ci est « arrosée » de cadeaux.

> Cela se passe en général au domicile des futurs parents, entre le 7e et le 8e mois, quand la maman n'est pas trop fatiguée.

> Le futur papa et les hommes en général ne sont pas conviés... un peu comme pour un enterrement de vie de jeune fille !

> Il est traditionnel de trouver un thème et de décorer le lieu en fonction (très souvent dans des coloris layette).

> Un buffet sucré et sans alcool est proposé : on sert des douceurs, des gâteaux (notamment les cupcakes) et les aliments préférés de la maman (sauf s'ils sont contre-indiqués pendant la grossesse).

> Les cadeaux ? Des articles de puériculture, des produits de beauté, des jouets ou des « clin d'œil » comme des vêtements en taille 36...

> On raconte des anecdotes sur sa grossesse ou son accouchement, on parle chiffon, on organise des jeux, on s'embrasse, on se félicite...

> On peut organiser une séance photo et immortaliser cette fête dans un album ensuite offert à toutes les participantes.

Idées pour organiser une *baby shower* inoubliable :

Des thèmes : Arche de Noé, Zoo, « C'est un garçon » ou « C'est une fille », « Des jumeaux ! », Nounours...

Des jeux : « le chrono couche » où la future maman doit mettre une couche à un poupon en plastique et être chronométrée. On peut également parier sur le tour de ventre de la maman, répondre à un quiz avec des questions relatives à la puériculture...

Les sites américains, mais aussi français, consacrés à cette fête sont des sources inépuisables d'idées !

http://www.babyshower101.com
http://www.babyshower.fr
http://mababyshowerparty.fr

Ma *baby shower* !

Date : .... **Lieu :** ....

Invitées

....

....

....

Thème

....

....

Décoration

....

....

....

Au menu

....

....

....

Les cadeaux que j'ai reçus

Cadeau	De la part de…

La 3e échographie officielle : à bientôt !

Voici venu le dernier rendez-vous « virtuel » avec votre bébé... d'ailleurs, il est tellement « grand » maintenant, que vous ne pourrez plus le voir en entier à l'image. Dans peu de temps, vous pourrez le tenir dans vos bras et comparer enfin son visage aux clichés pris à l'échographie...

La troisième échographie dite « échographie de bien-être » ou « de morphologie fœtale »

Elle doit avoir lieu entre la 31e et la 33e SA.

Date : ....

Futur papa présent : ☐ oui ☐ non

Quelqu'un d'autre pour m'accompagner : ....

Ma réaction :

☐ impatience ☐ stress ☐ surprise ☐ larmes ☐ cris de joie

On regarde quoi ?

On observe les mêmes paramètres que lors de la deuxième échographie. Biométries, examen de tous les organes, de la circulation sanguine...

On observe la position du bébé afin de savoir s'il se présente bien pour l'accouchement.

La position du placenta est importante : s'il est trop bas, il pourrait gêner l'accouchement par voie basse.

Sa taille et son poids de naissance approximatifs vous sont donnés (avec une marge d'erreur dont il faut tenir compte).

Ressenti lors de cette échographie : ....

....

....

Les prévisions sur la taille et le poids : ....

....

....

Les images de la troisième échographie

Collez ici les clichés de l'échographie.

Taille du fémur : ....

Périmètre abdominal (PA) : ....

Diamètre de la tête (BIP) : ....

35e SA / 33e SG

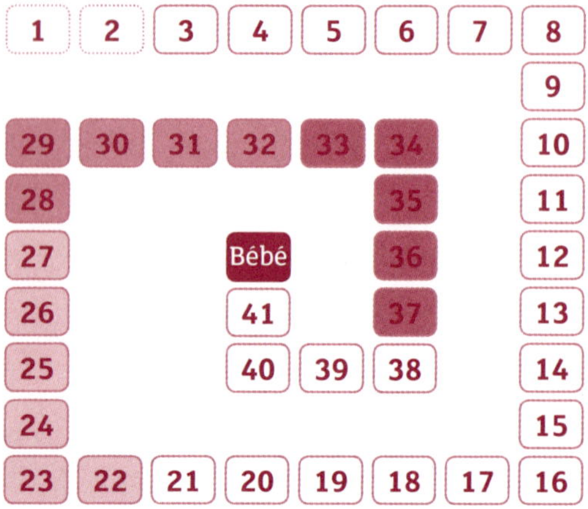

Et dire qu'après, le temps va passer si vite…

LES AVENTURES DE MON BÉBÉ, CETTE SEMAINE.

On s'ennuie un peu là… grossir, grandir… mais sans bouger, ça commence à devenir long !

Heureusement que cette période de repos permet à toutes les fonctions vitales de se perfectionner : les reins filtrent tellement de liquide amniotique que tout le contenu de la poche est renouvelé en trois heures.

Avec ses 2,1 kg pour 42 cm, il commence à ressembler à un véritable poupon.

Semaine 35 (35e SA)

Je pèse : kg

Mes sensations :

J'aime :

Je n'aime pas :

J'ai envie de :

Je n'ai pas envie de :

Et le papa, il fait quoi / il en pense quoi ?

L'anecdote de la semaine :

Le congé de maternité ou la dernière occasion de se reposer avant la retraite

Même si vous êtes en pleine forme, vous allez avoir besoin de vous reposer et de préparer l'arrivée du bébé.

Combien de temps ?

La durée légale du congé maternité est de 16 semaines : 6 semaines avant la date présumée de l'accouchement et 10 semaines après la naissance. Il est possible de réduire le congé prénatal à 3 semaines (avec l'accord du médecin ou de la sage-femme) et de reporter ce congé à la suite de l'accouchement.

> Pour un 3e enfant, le congé est de 26 semaines : 8 semaines avant et 18 semaines après.

> Pour des jumeaux, la durée passe à 34 semaines : 12 de congé prénatal, 22 pour le congé post-natal.

> Pour des triplés ou plus : 46 semaines (24 avant et 22 après).

> En cas de problème de santé, le médecin peut rajouter 14 jours de congé prénatal supplémentaire.

Formalités ?

Pour bénéficier des indemnités du congé maternité, il faut déclarer de grossesse en temps et en heure à la CAF et à la Caisse d'Assurance Maladie.

Combien ?

L'indemnité journalière est égale au salaire journalier de base. Au 1er janvier 2011, il est plafonné à 76,20 € par jour dans les départements de la Moselle (57), du Bas-Rhin (67) et du Haut-Rhin (68) et 77,79 € par jour dans les autres départements. Pour toute information complémentaire, adressez-vous à votre Caisse d'Assurance Maladie ou sur www.ameli.fr

Le papa peut également bénéficier d'un congé ! Il faut en faire la demande auprès de son employeur un mois auparavant. Ce congé d'une période maximum de 11 jours (ou 18 jours en cas de naissances multiples) doit débuter dans les 4 mois suivant la naissance de l'enfant.

Mon congé maternité

Il doit commencer le ....

Il a effectivement commencé le ....

Pourquoi l'a-t-on reporté ?

....

....

Reprise du travail, le ....

Placez votre curseur sur cette échelle de la « torture du retour au boulot »

Trop contente de retourner bosser	Je préférerais me pendre

Le congé du futur papa : du .... au ....

Pendant mon congé prénatal, je vais...

- ☐ Dormir, dormir, dormir
- ☐ Décorer la chambre du bébé
- ☐ Faire du shopping
- ☐ Profiter de belles balades
- ☐ Regarder mes séries préférées
- ☐ Nager
- ☐ Cuisiner (et congeler de bons petits plats pour « après »)
- ☐ Tricoter / broder ou autre
- ☐ Vider et remplir la « valise » des dizaines de fois
- ☐ Préparer les faire-part
- ☐ Aller chez le coiffeur / l'esthéticienne
- ☐ Chercher une nounou
- ☐ Voir mes copines
- ☐ Ne pas bouger (sur ordre du doc')
- ☐ Lire
- ☐ Tenir le blog de ma grossesse
- ☐ Autre : ....

36e SA / 34e SG

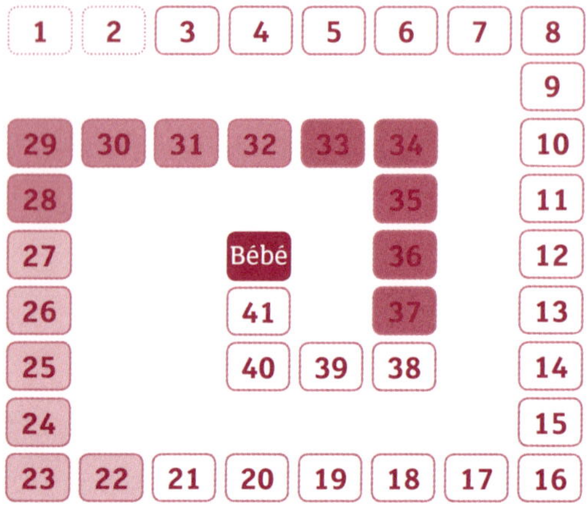

Oui, oui, c'est pour bientôt !

LES AVENTURES DE MON BÉBÉ, CETTE SEMAINE.

Le bébé est prêt ! Tous ses organes sont matures, il pourrait sortir… Mais finalement, il se prélasse et fait du gras.

Ses bronches sont désormais recouvertes d'une substance qui empêchera les poumons de se rétracter à la première inspiration.

Il mesure 43 cm pour 2,3 kg : tout va très bien.

ET VOUS, ÇA VA SINON ?

Disons que vous commencez à trouver le temps long, vous aussi… Selon votre prise de poids, vous êtes plus ou moins à l'aise avec votre ventre… mais vous avez certainement du mal :

- ☐ à vous déplacer (démarche culbuto)
- ☐ à dormir (comment trouver une position confortable)
- ☐ à penser à autre chose qu'à votre accouchement.

Reposez-vous. Après, ce sera une autre histoire…

Semaine 36 (36e SA)

Je pèse : kg

Mes sensations :

J'aime :

Je n'aime pas :

J'ai envie de :

Je n'ai pas envie de :

Et le papa, il fait quoi / il en pense quoi ?

L'anecdote de la semaine :

Les questions que je veux poser au gynécologue / à la sage-femme

Mon examen médical (visite obligatoire)

Poids (officiel) : ....

Tension artérielle : ....

Hauteur utérine : ....

Fermeture du col : ....

Remarques du médecin

....

....

....

....

....

Examens complémentaires à effectuer

....

....

....

....

....

Traitement

....

....

....

....

....

(Collez ici une photo de votre ventre. Essayez de prendre le cliché toujours au même endroit, avec les mêmes vêtements et le même éclairage… l'effet « poussée de bidon » sera plus saisissant !)

9e mois

37e SA / 35e SG

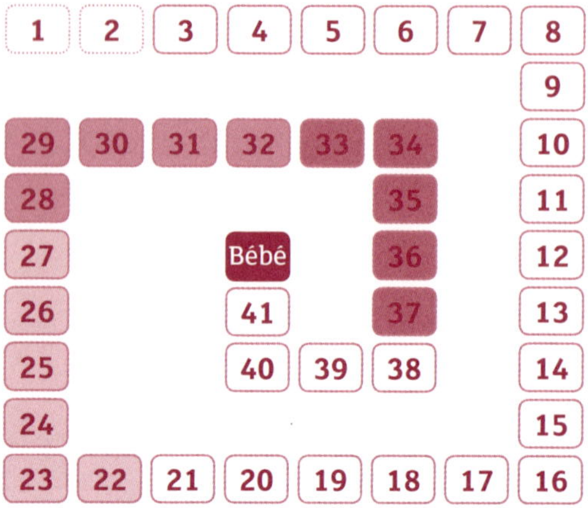

Je suis prêêêêêêêêêêêête !

LES AVENTURES DE MON BÉBÉ, CETTE SEMAINE.

Il bouge peu. Il n'a plus de place.
Il se « dodufie ».
Il est bien, là, au chaud.
À partir de maintenant, sa naissance ne serait plus « prématurée ».
Le lanugo commence à disparaître (vous ne pousserez pas de cris d'horreur en mettant au monde un enfant couvert de poils).
Il mesure 45 cm et pèse 2,4 kg : un beau gigot.

Semaine 37 (37e SA)

Je pèse : kg

Mes sensations :

J'aime :

Je n'aime pas :

J'ai envie de :

Je n'ai pas envie de :

Et le papa, il fait quoi / il en pense quoi ?

L'anecdote de la semaine :

The péridurale ou la piqûre tant attendue

Cette anesthésie locale a totalement transformé la gestion de la douleur de l'accouchement. Nombre de femmes en parlent comme d'un coup de baguette magique, mais vous avez entendu pas mal de sons de cloche négatifs aussi... Des questions ?

La péridurale, c'est quoi exactement ?

Il s'agit d'une technique d'anesthésie loco-régionale (une seule partie du corps) qui vise à injecter du produit anesthésiant dans l'espace péridural, le long de la moelle épinière, sans y entrer. La rachi-anesthésie, souvent utilisée pour les césariennes, est plus profonde puisqu'elle entre dans le liquide céphalo-rachidien. Les terminaisons nerveuses sont anesthésiées rendant ainsi la zone insensible à la douleur.

Y a-t-il des contre-indications ?

Il y en a peu : la fièvre, des problèmes de coagulation du sang, une infection de la peau au niveau du dos, certaines maladies neurologiques ou encore un tatouage sur la zone à piquer. Il faut aussi qu'un anesthésiste soit présent et disponible au moment où vous en aurez besoin : vérifiez ce point au moment du choix de votre maternité.

Comment ça se passe ? À quel moment ?

La mise en place est rapide et le soulagement intervient après une 15 minutes. Avant l'accouchement, vous aurez passé la visite obligatoire avec l'anesthésiste afin d'établir votre dossier (vérification des éventuelles contre-indications et examen des bilans sanguins). Le jour J, dès que la dilatation du col a atteint 2 à 3 centimètres, l'anesthésiste vous fait asseoir et courber le dos (ou vous allonger sur le côté). Après une anesthésie locale de la peau, il guide une aiguille entre la 3e et la 4e lombaire, y insère un cathéter qui va rester en place et permettre l'injection du produit anesthésiant sur le moment et par la suite.

Est-ce que ça fait mal ?

Grâce à l'anesthésie locale, on ne sent quasiment pas la piqûre. On peut ressentir une forte pression dans le bas du dos ou de l'électricité dans les jambes.

Et je ne vais vraiment rien sentir ?

La péridurale supprime la douleur mais pas totalement les sensations : on a les jambes lourdes mais on peut les bouger (à l'inverse de la rachi-anesthésie qui ne permet plus de les contrôler).

Est-ce que c'est dangereux ?

Aucun geste anesthésique n'est sans risques, mais pour la péridurale, ils sont mineurs. Le premier est que l'anesthésie peut ne pas fonctionner : une seule jambe endormie ou pas du tout. Les femmes peuvent souffrir de maux de tête, de vertiges ou d'hypotension. Les cas plus graves (choc allergique ou arrêt cardiaque) sont extrêmement rares.

Est-ce que ça change quelque chose pour le bébé ?

La maman, épargnée par la péridurale, a moins envie de pousser : l'accouchement peut être plus long et entraîner l'utilisation des forceps ou des ventouses. Autre point : le bébé reçoit une faible dose du produit anesthésiant.

Et si on la refuse ?

Tous les choix sont respectables. Selon sa tolérance à la douleur, son désir de participer activement à son accouchement, sa volonté de ne pas rater cette expérience unique, la péridurale peut être refusée. Il faut en parler à son médecin au préalable. Tout en sachant que vous pouvez toujours revenir sur votre décision, sauf si le col est déjà dilaté à 6 ou 7, il sera trop tard pour qu'elle ait le temps d'agir.

La péridurale et moi :

- ☐ Je l'ai refusée
- ☐ Je l'ai demandée tout de suite
- ☐ Je l'ai demandée à contrecœur

Mon ressenti : (J'assume complètement, je suis frustrée...)

....

....

....

38e SA / 36e SG

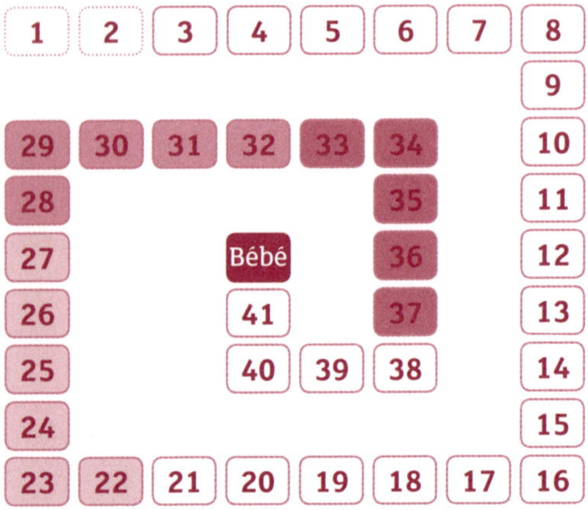

Maintenant, je peux compter en jours le temps qui me reste.

LES AVENTURES DE MON BÉBÉ, CETTE SEMAINE.

RAS.
Il est prêt.
Il vous attend.
Il mesure 46,5 cm et pèse 2,65 kg.

Semaine 38 (38e SA)

Je pèse : kg

Mes sensations :

J'aime :

Je n'aime pas :

J'ai envie de :

Je n'ai pas envie de :

Et le papa, il fait quoi / il en pense quoi ?

L'anecdote de la semaine :

La césarienne…

Elle peut être programmée ou imposée par l'urgence… La césarienne est une opération chirurgicale qui concerne environ 3 femmes sur 10 (chiffre en permanente augmentation). Vous avez des questions ?

Dans quels cas pratique-t-on une césarienne ?

On programme une césarienne quand…

- l'utérus est fragile (antécédents de césarienne, de chirurgie…)
- le bassin est trop étroit
- l'enfant se présente par le siège ou autre position difficile (transverse)
- le placenta fait obstacle à la sortie du bébé (placenta praevia)
- il s'agit d'une grossesse multiple (triplés et plus)
- la maman a du diabète
- la maman a développé un herpès génital
- si l'enfant a un retard de croissance ou, au contraire, est très gros

Certaines femmes connaissent une véritable « phobie de l'accouchement ».
Le médecin peut juger nécessaire de pratiquer une césarienne.
D'autres demandes, dites « de convenance » (pour des raisons de calendrier notamment) sont de plus en plus fréquentes, tendant à banaliser cet acte chirurgical pourtant lourd.

La césarienne peut également être décidée, alors que le travail a commencé, en cas…

- d'urgence fœtale (souffrance fœtale, cordon enroulé, etc.)
- d'urgence maternelle (hypertension, décollement du placenta, rupture utérine, etc.)
- de facteurs empêchant le bon déroulement du travail (présentation par le front, travail qui dure trop longtemps, etc.)

Comment se déroule l'opération ?

Sous péridurale ou rachi-anesthésie (ou anesthésie générale en cas d'intervention en urgence), le chirurgien incise la peau, écarte les muscles et les tissus jusqu'à l'utérus sur une largeur de 10 centimètres. Celui-ci est ensuite incisé pour permettre l'extraction du bébé. Le placenta est retiré et l'utérus nettoyé puis suturé (ainsi que les tissus internes). La peau est refermée par des agrafes ou des points.

La maman reste quelques heures en salle de réveil puis retrouve son bébé dans sa chambre.

Conséquences psychologiques

En règle générale, le papa ne peut être présent pendant l'opération (seules certaines cliniques ou certains obstétriciens très ouverts l'autorisent). Cela peut être un moment de solitude assez difficile pour les mamans.

Pour chaque femme, l'expérience est différente, mais on parle en général du sentiment de frustration qui suit une césarienne, la maman ayant l'impression de ne pas avoir « participé » à la naissance, même si elle était consciente.

Pour certaines, cela peut même être un douloureux sentiment d'échec : il s'agit en quelque sorte de faire le deuil de l'accouchement que l'on avait imaginé et d'accepter de ne pas avoir fait ses preuves en tant que « femme capable » de mettre un enfant au monde.

Il ne faut pas garder ces sentiments pour soi et ne pas hésiter à se confier, à son entourage, aux médecins. Tout le monde est là pour vous aider et vous soutenir.

Bébé est né par césarienne :

- ☐ programmée
- ☐ en urgence

Pourquoi ? ....

....

....

Mon ressenti : ....

....

....

39e SA / 37e SG

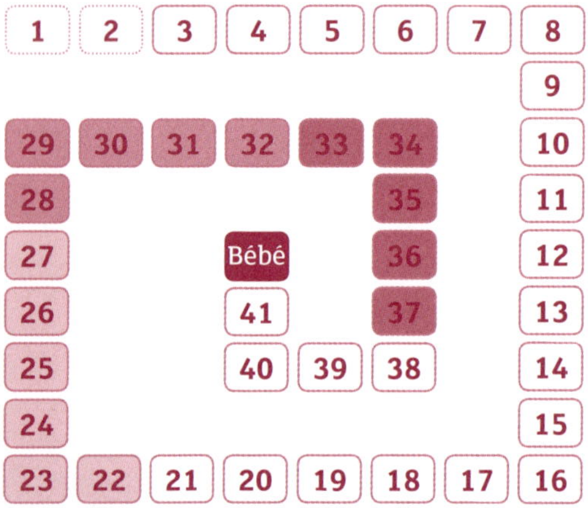

C'est quand tu veux, là !

LES AVENTURES DE MON BÉBÉ, CETTE SEMAINE.

Plus de lanugo.
Tout rose.
Tout dodu.
Près de 3 kilos et de 48 cm...

Semaine 39 (39e SA)

Je pèse : kg

Mes sensations :

J'aime :

Je n'aime pas :

J'ai envie de :

Je n'ai pas envie de :

Et le papa, il fait quoi / il en pense quoi ?

L'anecdote de la semaine :

On y va ? On n'y va pas ?

Voilà des mois que vous attendez, et maintenant qu'il commence à se passer quelque chose, voilà que vous hésitez, que vous ne savez pas si c'est le bon moment…

Quels sont les signes qui vont réellement vous informer que le moment est arrivé ?

> vous perdez le bouchon muqueux

Les glaires qui se sont accumulées au niveau du col de l'utérus pendant toute la grossesse ont formé un bouchon, véritable rempart contre les bactéries. Lorsque le col se modifie en prévision de l'accouchement, ce bouchon se détache, indiquant le début du processus.
À noter : chez certaines femmes, cela passe tout à fait inaperçu, en allant aux toilettes par exemple.
C'est un signe, certes, mais pas très fiable : la perte du bouchon peut précéder l'accouchement de 24 heures, 48 heures ou plus.

> vous perdez les eaux

La rupture de la poche des eaux peut être précoce (20 % des cas) et survenir sans contraction, elle peut aussi ne pas se produire spontanément et être pratiquée par la sage-femme…
Dans tous les cas, dès que cela se produit, il faut se rendre à la maternité car, même si l'accouchement peut se faire attendre encore de longues heures, les risques d'infections existent pour le bébé : il faut vous placer sous surveillance.

> vous pouvez compter les contractions

Au début, elles pourront être très irrégulières, à des intervalles de 10 à 40 minutes, mais au fur et à mesure, leur nombre et leur fréquence vont augmenter.
Le plus souvent, elles donnent l'impression d'une vague qui part du milieu du dos, passe sur les hanches et se termine sur le devant, comme si vous serriez une ceinture autour de votre ventre.
Les contractions régulières sont le signe du vrai travail : pourtant, ne vous précipitez pas, au début, il ne s'agit que d'un échauffement. Vous allez attendre un bon moment avant d'entamer le marathon puis le sprint final.

➔ Que faire en attendant le bon moment ?

- *Téléphoner à la maternité pour décrire vos contractions : la sage-femme vous dira s'il est temps de venir ou pas. Vous pouvez aussi vous y rendre directement… au risque de vous voir renvoyée chez vous parce que le travail n'est pas assez avancé.*
- *Textoter, mettre à jour son statut Facebook, alerter la planète.*
- *Manger un en-cas : il y a encore quelques années, c'était déconseillé en cas d'anesthésie générale. Aujourd'hui, cela arrive rarement et rien ne sert d'être à jeun. Au contraire, il faut savoir que vous allez fournir un gros effort physique et qu'il va vous falloir de l'énergie.*
- *Prendre un bain ou une douche (sauf si vous avez perdu les eaux).*
- *Faire un lavement : vous serez rassurée et plus zen.*
- *Marcher un peu, vous étirer, sans vous crisper, pour aider le travail et vous aider à passer le temps.*
- *Faire de la relaxation, comme vous l'avez appris pendant votre préparation à l'accouchement.*

Alors, c'est vraiment le moment ? Allez-y !

Comment avez-vous su que le moment allait arriver ?

……………………………………………………………………………………

……………………………………………………………………………………

Avez-vous perdu les eaux ? Où étiez-vous ? Avec qui ?

……………………………………………………………………………………

……………………………………………………………………………………

Qu'avez-vous fait juste avant de partir ?

……………………………………………………………………………………

……………………………………………………………………………………

Dans quel état était le futur papa ?

……………………………………………………………………………………

……………………………………………………………………………………

40-41e SA / 38-39e SG

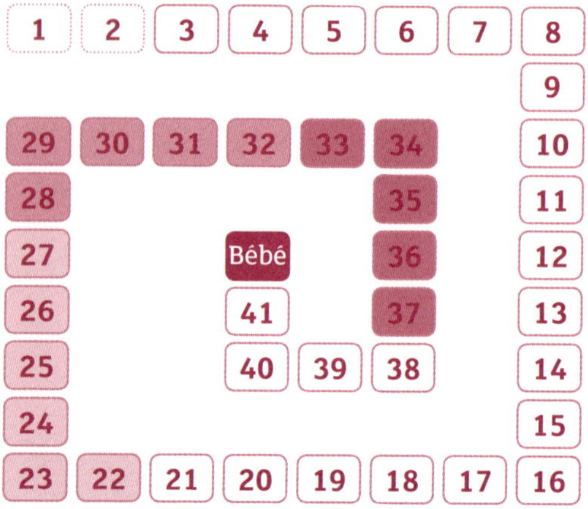

Ayé ! J'ai gagné !

LES AVENTURES DE MON BÉBÉ, CETTE SEMAINE.

Poussez tout, j'arrive !!!!!

En faisant pression sur le col de l'utérus, votre bébé déclenche lui-même le système du travail de l'accouchement.

Sans doute pèsera-t-il un peu plus de 3 kilos et mesurera-t-il environ 51 cm...

Semaine 40-41 (40-41e SA)

Je pèse : kg

Mes sensations :

J'aime :

Je n'aime pas :

J'ai envie de :

Je n'ai pas envie de :

Et le papa, il fait quoi / il en pense quoi ?

L'anecdote de la semaine :

Les questions que je veux poser au gynécologue / à la sage-femme

Mon examen médical (visite obligatoire)

Poids (officiel) : ....

Tension artérielle : ....

Hauteur utérine : ....

Fermeture du col : ....

Remarques du médecin

....

....

....

....

....

Examens complémentaires à effectuer

....

....

....

....

....

Traitement

....

....

....

....

....

The jour J !

Voilà !
Le jour que vous attendiez depuis des mois est enfin arrivé !
Le plus beau de votre vie... en tous les cas, un de ceux dont vous vous souviendrez le plus longtemps ! Avec, à la clé, un cadeau inoubliable...

Pour se souvenir de tout...

.... est arrivé(e) le .... à .... h ....

Lieu de naissance ....

Qui l'a mis(e) au monde ?

....

....

Racontez la période du travail

(Premières contractions, départ à la maternité, installation dans le service, durée des réjouissances, etc.)

....

....

....

....

....

....

Péridurale ?

....

....

....

Complications ?

....

....

....

Le moment le plus « chaud » ?

Le meilleur moment ?

L'attitude du papa ?

Des anecdotes croustillantes ?

Les premières photos

Répertoire
(adresse, numéro de téléphone, portable, mail...)

Gynécologue

Maternité

Sage-femme

Anesthésiste

Voisine de chambre

Ma courbe de poids

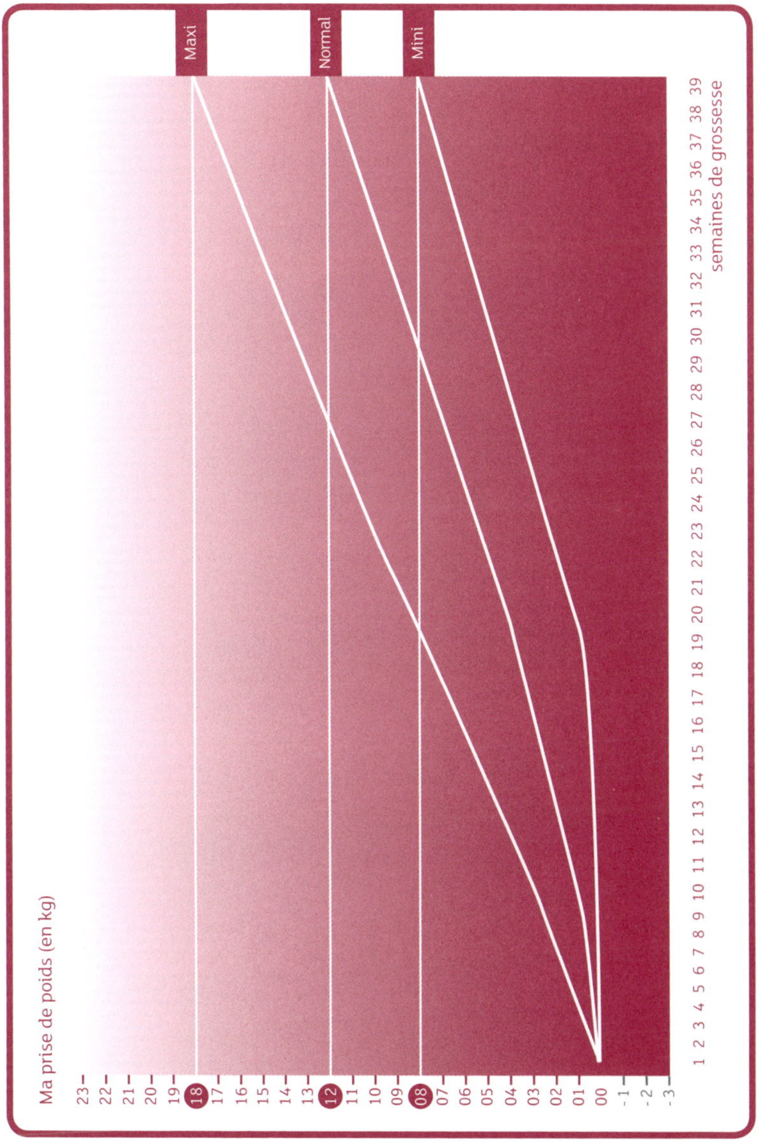

À la fin de la grossesse, cette page pourra être découpée et...

- ☐ jetée au feu ☐ déchiquetée en mille morceaux
- ☐ donnée au bébé qui en fera une jolie boulette.

Ces petites phrases que l'on ne veut pas oublier…

De l'anecdote rigolote aux mots doux du futur papa, des réflexions sur la taille de votre ventre aux questions idiotes que suscite toujours une femme enceinte… notez tout !

Du même auteur

Maman débutante

L'essentiel pour bien s'occuper de bébé !

Bientôt maman

Le compagnon indispensable de votre grossesse !

Parents débutants : le coffret

Un coffret réunissant *Papa débutant* et *Maman débutante*, pour des jeunes parents dé-com-ple-xés !

Le p'tit journal de mon bébé

Un carnet tout doux à remplir pour ne rien oublier de sa première année.

L'album des trésors de bébé

Un adorable coffret de naissance... Une boîte à souvenirs qui vous permettra de garder tous les petits trésors de Bébé !